KB241066

물은
상품이
아니다

THE WATER MANIFESTO by Riccardo Petrella
Copyright ⓒ 2001, Riccardo Petrella

All rights Reserved.

The Korean translation copyright ⓒ 2004 by Miraebook Publishing Co.

All rights reserved.

This Korean edition was published by arrangement with Zed Books,
London through Korea Copyright Center, Seoul

이 책의 한국어판 저작권은 한국저작권센터(KCC)를 통한 Zed Books와의
독점계약으로 미래의창에 있습니다. 저작권법에 의해 한국 내에서
보호를 받는 저작물이므로 무단전재와 복제를 금합니다.

THE WATER
MANIFESTO

물을
상품이
아니다
선언

생명을 지키기 위한 물

THE

WATER

MANIFESTO

리카르도 페트렐라 지음 | 최기철 옮김

미래의
창

인간이 살아 움직이는 존재라면 물은 역사이다.

인간이 실존이라면 물은 세계이다.

인간이 살아 있다면 물은 생명이다.

호세 마뉴엘 세라

감 사 의 글

　　1997년 저자와 처음으로 세계 물 협약(World Water Contract)이라는 이상적 운동에 대한 이야기를 나누었을 당시부터 지금까지 이 운동의 숭고한 이상을 이해하고 적극적으로 동참하고 있는 마리오 소아레즈 박사에게 가장 먼저 심심한 사의를 표한다. 박사의 명성이나 그의 헌신적인 노력은 이 운동의 성공에 많은 기여를 하고 있다.

　　그외 많은 분들과 벗들의 덕분으로 이 책을 낼 수 있게 되었다. 그 가운데 특히 감사의 말씀을 전하고 싶은 분들은 다음과 같다. 조아오 카라카(리스본), 비센테 페레즈 플라자(발렌시아), 라울 알폰신(전 아르헨티나 대통령), 벨기에의 로런 왕자(이 운동의 성공에 대한 왕자의 확신과 열정은 이 운동에 큰 힘을 불어넣고 있다), 라르비 보우게라(튀니스), 수잔 조지(파리), 캔디도 멘데스(브라질 상원 의원), 리날도 봉탕피(유럽의회 의원), 피에르 마크 존슨(쿼벡 전 총리), 하스나 모우두드(다카르), 아보우 티암(다카르), 피에르 프레드릭 테니에르 부쵸(파리), 드리스 벤 사리(라바트), 마리오 알보노즈(부에노스 아이레스), 데이비드 브루바커(디트로이트), 호세 안토니오 핀토 몬테이로(케이프 버디 환경 장관), 안토니오 곤잘베스 헨리크(포르투갈, 인스티튜토 다 아구아), 마리오 뱁티스타 코엘호(포르투갈 대통령 집무실), 마리오 리네오 코레이아(IPE 아구아 델 포르투갈), 라파엘 블랑코 카스타니(발렌시아 지방 정부), 마지막으로 세계 물 협약 위원회의 두 차례 회의에서 없어서는 안될 소중한 도움을 베풀어준 오시타 벤토 메네우 부인과 앙드레 소브랄 코데이로(마리오 소아레즈 재단), 이 두 분에게도 깊은 감사의 뜻을 전한다.

남부 이탈리아의 마을에서 도시 악단이

여전히 중요한 사회적 기능을 담당하던 시절,

유능한 악단장이셨던 나의 아버지께 이 책을 바친다.

정치가 중요하다

정치의 역할

물이라는 것이 개별 국가는 물론이거니와 국제 사회에서도 중요한 정치적 현안으로 자리잡게 된 것은 불과 10여 년 전이다. 그 이전까지만 해도 홍수 같은 천재 지변, 혹은 물의 오염 같은 인위적 재해, 대규모 댐의 건설 같은 사회적 관심사 등의 예외적인 경우를 제외하고 물은 일반 대중의 관심사가 되지 못했다. 물은 그저 경제적 관점과 물을 다루는 데 필요한 여러 가지 기술적인 측면에서만 고려의 대상이 되었었다. 즉, 물을 길어 올리고, 끌어 모으고, 배관을 하고, 공급하고, 정수하고, 수원을 보호하는 등의 일을 하는 화학자, 수문학(水文學)자, 법률가, 공학자, 관계 공무원들만의 관심사였다.

　　여러 가지 이유로 인해 이제 상황이 달라졌다. 상황을 변화시킨 요인들을 보면 참으로 다양한데, 점점 심각해져 가는 강, 호수, 지하수의 오염, 대도시들의 급속한 인구 팽창, 토양 침식, 사막화, 농민(전체 수자원 가운데 70%가 농업용 관개용수로 쓰인다)과

도시 거주민(전체 수자원 가운데 10%를 사용한다) 사이의 물을 둘러싼 갈등, 수자원의 수요와 공급을 둘러싼 지역 주민들 간의 대립, 그리고 같은 이유로 인한 인접국들 사이의 불화(전 세계의 주요 수원(水源) 240곳을 두 개 이상의 나라들이 공유하고 있다) 등이 그것이다. 우리는 이제 여러 나라의 정부 수뇌들조차 공개적으로 물에 대한 우려를 표명하며, 수자원을 보호하기 위한 세계적인 운동을 지지하는 현상(1988년 3월 프랑스 대통령의 연설에서 보듯이)을 목격하고 있다. 개별 국가는 물론 전 세계의 수자원 관리를 위해 함께 노력하고 추구할 목표를 세우려는 취지에서 수많은 국제 회의와 장관급 회담들이 열리고 있으며, 여러 나라의 정부 수반들이 공동 서명한 선언들도 채택되었다.

정치는 무엇을 할 수 있으며 무엇을 하여야만 하는가?

현실적으로 말하면, 정치에는 서로 밀접하게 연관되어 있으면서도 외형적으로는 다른 모습을 가지고 있는 두 가지 행위 주체가 있다. 하나는 정치인인데 대개 정당에 소속되어 있고 나름의 이념과 가치관을 갖고 있으며 인생과 사회와 경제에 대한 자신의 사고 방식이 국민의 선거를 통해 받아들여지기를 원하는 사람이다. 사회주의자일 수도 있고, 진보주의자일 수도 있으며, 기독교를 믿는 민주주의자이거나, 공산주의자, 아니면 또 다른 무엇일 수도 있다. 다른 또 하나는 국가라는 체제이다. 국가란 국민들이 바라고 의도하는 것이 표출되어 조직화된 정치 체계를 말한다. 비록 정치인의 개성에 영향을 받기는 하지만 정치는 근본적으로 인종, 성별, 종교, 소득 등으로 인한 차별 없이(물론 모든 차별을 극복한다는 것은 현실적으로 쉬운 일이 아니다) 국민 전체의 이익을 증진시키고 보장하는 역할을 한다.

이제 서문의 이 두 번째 단락에 제목으로 제시하였던 "정치는 무엇을 할 수 있으며 무엇을 하여야만 하는가?"라는 물음에 답해보겠다. 정치인으로서 나는 사회주의자이다. 나는 우리나라에서는 물론이고 국제적으로도 나의 사회주의적 이상이 수자원과 관련된 정책에 구현되기를 바라며 이를 위해 최선을 다한다. 수자원에 대한 사회주의자의 이상이란 다음과 같다. 즉, 수자원은 모든 인류를 위한 보편재(普遍財)로서 보호하고, 개발하고, 나누고, 활용해야 하며, 무엇보다 중요한 것은 누구나 그것을 얻을 수 있어야 한다는 것이다.

또 다른 정치의 행위 주체인 국가 체제는 그 나라의 수자원 관리를 위한 지속적이며 통합된 정책을 마련해야 한다(수자원 정책은 근본이 되는 모든 차원을 총망라해야 한다). 뿐만 아니라 물은 생명의 근원이기에 보편재라는 인식으로 수자원을 둘러싼 다른 나라와의 관계에서 솔직하고도 단합된 힘으로 협조하려는 자세를 가져야 한다. 이 같은 자세는 특히 수원을 공유하는 나라들 사이에서 절실하게 필요하다.

한 국가가 수립하는 수자원 정책은 그 정책이 상호 이익과 화합에 바탕을 두고 있을 때에만 비로소 지속적이고 안정적인 수자원 개발을 가능케 할 것인데, 이 같은 정신은 1992년 6월, 리우데자네이루에서 130개국 정상들이 서명한 어젠더 21(Agenda 21)에도 구현되어 있다.

바로 이 때문에 나는 신념을 가진 다른 이들과 함께 세계 물 협약(World Water Contract)을 후원하며, 또 내가 회장으로 있는 기구가 세계 물 협약의 역할 규명과 실천적 행동에 많은 기여를 하기 바라는 것이다.

이 책은 물에 대한 풍부하고 살아 있는 추억을 간직한 도시 발렌시아에서 개최된 수자원 관련 회의에서 발표되고 토의되었던 내용을 바탕으로 하고 있다. 발렌시아에는 아주 오래 전인 1492년부터 이곳을 근거로 수자원에 관한 사법적 권한을 유지하고 있는 유명한 기구인 워터 트리뷰널(물 재정(裁定)위원회 : Water Tribunal)이 있다. 이 기구는 갈등을 해결하는 최선의 길은 서로 협력하며 상호 이익을 존중하는 것이라는 사실을 웅변적으로 보여준다.

마리오 소아레즈(전 포르투갈 대통령)

차 례

1장
21세기의
첫 번째 혁명을
이루기 위하여

THE WATER
MANIFESTO

우리와 우리 가족들의 미래는, 브뤼셀이나 오사카, 에콰도르, 아니면 우즈베키스탄, 타지키스탄, 중앙 아시아, 혹은 캘리포니아에 사는 그 어느 누구라도 예외 없이, 경제 발전이나 기술의 진보에 달려 있지 않다. 그보다는 복잡하고 제약이 많으며 다양성과 불안정성이 공존하는 상호 의존적인 세계에서 우리가 함께 살아갈 수 있는 규칙을 제정하고 그것을 실행하며 실천하는 기구들을 만들어 내는 우리의 사회적 능력에 더 큰 영향을 받을 것이다.

서유럽이나 북미인들은 동남아 국가들의 금융 및 경제 위기가 자기들과는 아무 상관이 없기를, 또 일본을 짓누르는 구조 조정의 여파가 자기들에게는 미치지 않기를 바랐다. 그러나 그것은 헛된 바람이었다. 아열대 국가들의 삼림 황폐, 아시아, 아프리카, 남미의 토질 저하 및 토양 황폐화가 단지 그 지역에만 영향을 미치기를 바라는 것도 망상에 불과하다.

이 시대와 앞으로 다가올 시대의 영웅은 남보다 더 강한 사람이 아니다. 역경을 극복하여 남보다 더 많은 돈을 벌고, 사업을 성공시키고, 기술을 개발하고, 군권을 장악한 사람이 영웅이던 시대는 지나갔다. 진정한 영웅은 공동의 선을 발전시키고, 모든 사람이 인간답게 살 권리를 얻어 누리게 하는 데 기여하는 사람이다.[1]

16, 17, 18세기의 사회적 격변은 모두 토지의 소유와 분배, 활용을 근간으로 한 것이었다. 19, 20세기의 혁명은 모두 동력 자원(석탄, 석유, 전기)의 소유, 확보, 유통, 활용을 주축으로 한 것이었다. 이 두 가지는 모두 규제를 낳고 강화시켰으며 새로운 사회 계

층과 국가 체제를 정형화하였다.

　　현대에 들어서면서 규제는 점점 정부 차원을 떠나 비정부 차원의 다자간 국제기구화(IMF, World Bank, World Trade Organization 등)되거나 민간화(International Telecommunications Union 등), 좀더 드물게는 국적을 초월하여 조직화(EU)되어가는 추세에 있다.

　　이런 와중에 세계를 무대로 활동하는 새로운 직업군과 새로운 인간 관계가 형성되고 있는데(주로 금융, 산업, 농업, 언론 분야에서 볼 수 있다), 기존의 사회 계층을 보던 시각으로는 그런 관계를 이해할 수 없다. 그것은 산업계, 금융계, 그리고 '제3의' 다국적 기업들의 고위 경영층과 관리자들의 이해 관계, 문화, 관행을 반영한다.[2]

　　오늘날 그들은 개인의 삶은 물론 지역, 국가, 그리고 세계의 모든 사람의 삶에 영향을 미치는 중요한 자원들의 통제권을 놓고 서로 경쟁하는 한편 협력하기도 한다. 그 중요한 자원들이란 돈과 정보 그리고 물이다. 예전의 록펠러 가, 포드 가, 타이센 가, 솔베이 가, 석유 재벌, 철도 재벌 등은 이제 더 이상 '지상의 제왕'이 아니다. 이제 '지상의 제왕'은 빌 게이츠, 베텔스만, 테드 터너, 머독, 인텔 등이다. 금융계에서는 모건, 골드만 삭스, 시티뱅크, 피델리티, 그리고 많은 투자회사들과 보험회사들이 '지상의 제왕'으로 군림하고 있다.

　　물과 관련해 현재 일고 있는 동향이 앞으로 20~30년 정도 더 지속된다면 '지상의 제왕'은 '물을 지배하는 자'가 될 것 같다. 가장 가능성 있는 존재들로는 쉬에즈-리오네 데 조, 비벵디, 소어-브이그, 네슬레, 벡텔, 유나이티드 유틸리티, 다농 등을 꼽을 수 있다.[3]

금융과 정보의 무장해제라는
민주적 승리보다 더 시급한 것

이미 시작되었고 21세기 초반에 지속될 것으로 보이는 격변은 모두 위에 말한 세 가지 자원을 지배하기 위한 것이다. 돈의 경우 그 현상을 분명하게 목격할 수 있다. 즉, 금융이 경제 전반에서 차지하는 비중의 심화, 산업보다 우선하는 금융의 중요성, 자본 흐름의 자유화, 변동 환율제, 금융 시장의 세계화와 불안정성 그리고 민감성, 정치권의 속수 무책과 방관, 금융 시장 위주의 통화 정책 등을 보면 분명히 알 수 있다. '정보화 사회'에 영향을 미쳤고 또 변화를 초래하고 있는 현상들을 보면, 정보라는 자원을 지배하기 위한 갈등을 뚜렷하게 목격할 수 있다. 즉, 산업의 집중화와 금융의 집중화, 정보 시장의 자유화와 탈 규제, 정보 산업과 서비스의 민영화, 정치의 위축과 공공 개념의 축소, 기술 혁신의 최우선성, 문화의 표준화와 동질화 현상, 미국화와 앵글로-아메리칸적인 것들의 지배, 인터넷과 네트워킹의 확산, 가상현실적인 정보의 확산 등을 보면 분명하다.

　　이 같은 부정적 현상을 바로잡기 위해서는 앞으로 15~20년 사이에 두 가지 혁명이 일어나야 한다. 그 한 가지 혁명은 새로운 정보통신기술에 힘입어 사회·경제적 변화와 혁신을 가능케 할 수 있는 정보통신기술 자체의 무한한 잠재력에 뿌리를 두게 될 것이다. 새로운 정보통신기술은 각국에서 더욱 더 많은 사람들이 정보를 교환하고 의사 소통을 하도록 만들 것이다. 현재 그러하고 앞으로도 그럴 것처럼 보이지만, '가진 자와 아는 자' 그리고 '가지지 못한 자와 알지 못하는 자' 사이의 불평등을 심화하고 분열을 초래하는 대신[4] 새로운 정보통신기술은 그것이 처음 등장했을 때 기대했던 대로 자유했던로운 의견 교환의 기회 확대와 다양한 자율의 실행, 그리고 자발적 협조 등을 통해 민주 시민의 인권을 신장시키는 혁명의 토대를 제공할 수 있을 것이다.

또 한 가지 혁명은 고삐 풀린 망아지처럼 날뛰는 경제의 금융화 현상과, 민주주의를 위한 전반적인 정치 체제와 국가 기구들마저 무력화시키고 있는 '세계의 금융 시장'에 수술을 가하는 것이다. 그 혁명은 앞으로 10년 안에 금융의 위력을 확실히 약화시킬 것이며, 이는 금융 자체에 대한 반감 때문이 아니라 보다 많은 사람의 복리 증진을 위한다는 금융 본래의 취지를 살리기 위해서이다.[5]

세계의 경제 대국들이 세계를 무대로 한 민간 자본의 활동과 의사 결정에 완전한 자유를 주려는 의도로 1998년 10월 개최한 '투자를 위한 다자간 합의(multilateral agreement on investments)'가 실패로 돌아간 것이나, 1999년 12월 시애틀에서 열렸던 세계무역기구(WTO)의 '밀레니엄 라운드'(상품, 서비스, 자본 거래의 자유를 위한 체제를 확대하고 강화하려는 목적에서 개최되었다)의 파국은 위에서 말한 또 한 가지의 혁명이 결코 불가능한 망상만은 아니라는 사실을 입증하고 있다. 진리와 정의를 추구하는 세계의 시민사회는 전 세계라는 사회의 복지를 향상시킨다는 이상적인 목표의 달성이라는 면에서 괄목할 만한 성과를 거두었다고 할 수 있다.

그러고 보면 21세기에 들어선 지금 어떤 혁명들이 일어나야만 하는지는 분명해졌다. 그런데 사실 혁명이라는 것이 일어난다면 위의 두 가지 혁명보다도 더 시급하게 일어나야 할 혁명이 있다. 그 혁명은 생명의 권리와 살 권리를 위한 것이다.

'물의 혁명', 그 근본적 의미: 모두의 살 권리

우리가 물과 관련된 현실에서 어떤 변화를 모색한다면 그것은 우리 사회 안에 어떤 정치적 행동을 취하여 다음과 같은 목적을 성취하고자 하기 위함이다.

- 모든 개개인과 공동체가 안정적으로 삶을 이어가고 발전시킬 수 있도록 하는 것
- 지속적인 삶을 보장하는 일은 모든 인류 사회의 공동 책임이라는 믿음으로 모든 사회를 '세계의 인류 공동체'로 만드는 것

이 혁명은 지구 생태계 안에서 살아가는 모든 생명체에게 (공기와 더불어) 가장 중요한 생명의 근원인 물을 소유하고, 확보하고, 분배하고, 관리하고, 이용하고, 보존하는 데 필요한 권한과 관련하여 적절한 체계와 규칙을 마련하는 것이다. 이 같은 혁명이 왜

필요한지 이해를 돕기 위해 심각한 현실 한 가지를 들어보겠다. 현재 지구상에서 마실 물이 부족해 고통받는 인구는 14억 명에 달한다. 지표수와 지하수의 오염은 점점 더 심해져 가고 물과 관련된 또 다른 많은 문제들은 물로 인해 우리의 앞날이 결코 순탄치 않으리라는 사실을 짐작하고도 남게 한다.

인터넷이 없어도 살 수 있고 석유가 없어도 살 수 있다. 투자 기관이 없고 은행에 저축이 없어도 우리는 살아남을 수 있다. 그러나 우리 대부분 사람들의 주위에 너무나 흔하게 널려 있기에 지금까지 심각하게 생각해 본 적이 없겠지만 물이 없이는 살 수 없다. 그렇기 때문에 물의 혁명이 시급한 것이다. 그것은 정보나 금융의 혁명보다도 화급한 것이다.

이 책은 물의 혁명이 왜 시급한지 분명한 사실에 입각하여 그 필요성을 상징적으로, 정치적으로, 그리고 과학적으로 입증하고자 한다. 21세기에 들어선 지금 시급히 완성되어야 할 물의 혁명은 다음과 같은 사실을 분명히 인식하고 받아들이는 데에서부터 출발하여야 한다.

- 지금까지 인류는 생태계의 질서를 어지럽히는 무분별한 개발을 시행해 왔지만 우리가 사는 공동 사회와 지구 생태계는 상호 의존적이라는 엄연한 진실에서 벗어날 수 없다.[6]
- 미래라는 것은 우리 모두의 미래이며, 그 미래는 우리의 행동과 상호 관계에 달려 있다.[7]

- 개별 국가와 전 세계 차원에서 생명체의 생존에 필수적인 중요한 자원들을 소유하고, 나누고, 관리하고, 활용하고, 보존할 수 있는 체계를 화합과 안정의 바탕 위에 마련함으로써 인간을 비롯한 모든 생명체의 살 권리를 보장해야 한다.
- 물은 지구라는 생태계 존재의 지속적 성장 발전을 위해 필수적인 자원이며 생명의 근원으로서 인류 조상으로부터 물려받은 우리 모두의 공동 유산이다.

다음의 몇 가지 이야기는 물이 우리 모두의 공동 유산이라는 사실을 이해하고 받아들이는 데 도움이 될 것이다.

1998년 1월, 파푸아뉴기니 정부 당국은 자국민 430만 명 가운데 1백만 명 이상이 가뭄으로 인한 물 부족과 기타 생필품 부족으로 고통받고 있다고 발표하였다.[8] 아직도 많은 사람이 물이 없어서 죽어 간다. 유엔 개발 계획(United Nations Development Programme)의 자료에 따르면 매년 1천 5백만 명이 그렇게 죽어 간다.[9] 그렇게 물이 없어서 고통을 받던 파푸아뉴기니는 같은 해 6월, 이번에는 홍수로 인해 수천 명의 사상자를 냈다. 같은 해인 1998년, 방글라데시는 전 국토의 3분의 2가 두 달 이상 물에 잠기는 엄청난 홍수 피해를 기록하기도 하였다.

또한 1998년 6월, 전 세계 언론은 인더스 삼각주에 위치한, 8백만 명 이상의 인구가 살고 있는 파키스탄의 주요 항구 도시 카라치에서 시민들의 폭동(자동차를 불태우고 상점을 약탈하는 등)이

생 명 을 지 키 기 위 한 물 선 언

THE
WATER
IN?

물은

상품이
아니다

인터넷이 없어도 살 수 있고

석유가 없어도 살 수 있다.

투자 기관이 없고 은행에 저축이 없어도

우리는 살아남을 수 있다.

그러나 우리 주위에

너무나 흔하게 널려 있기에 지금까지

심각하게 생각해 본 적이 없겠지만

물이 없이는 살 수 없다.

그렇기 때문에 물의 혁명이 시급한 것이다.

그것은 정보나 금융의 혁명보다도 화급한 것이다.

발생했다는 뉴스를 전하였다. 폭동의 이유는 무엇이었을까? 이틀 동안 물 한 방울 배급받지 못한 것이 원인이었다. 그러나 사실 물을 제대로 배급받지 못한 것이 그 해에는 다반사였다.[10] 생존에 필수적인 욕구를 충족시키지 못하는 사람들이 폭력적으로 변하는 것은 충분히 있을 수 있는 일이다. 앞서 말한 대로 먹을 물이 없어 고통받는 사람이 전 세계적으로 14억 명에 달한다. 이 수치는 벨기에 인구의 140배이며 미국 인구의 거의 다섯 배이다. 또 20억 명 이상의 사람들이 마실 물을 살균 소독하거나 위생 처리하고, 가정 용수로 쓸 물을 정수 처리할 시설이나 설비가 없어 어려움을 겪고 있다.[11] 이런 현실을 개선할 어떤 조치가 취해지지 않는다면 마실 물이 없어 고통받는 사람의 숫자는 2025년에 이르러 40억 명에 달할 전망인데 이 수치는 전 세계 인구의 절반에 해당한다.[12]

산업체의 산업 활동(이 이야기의 경우 컴퓨터 산업)으로 인한 물의 오남용과 오염 유발은 아예 오염 유발 요인으로 분류되지도 않는다는 사실이 프랑스 〈르 몽드〉지의 폭로로 밝혀졌다.[13] 이 신문은 IBM이 공장 가동을 위해 프랑스 에송 지방 정부의 관리 하에 있는 지질학적으로 중요한 중생대 고대 지층인 네오코미안(Neocomian)층에서 해마다 270만 입방 미터에 달하는 물을 길어 올려 사용하고 있다고 보도하였다. 64메가바이트 마이크로 칩을 생산하기 위해서 IBM은 중생대 고대 지층에서나 얻을 수 있는 최상급수를 필요로 하고 있다. 관계 당국은 센느-노르망디 수원의 물을 퍼 올려 쓰는 IBM을 방치하고 있었던 것이다. 관계 당국은 무슨 이유로 IBM이 (비용이 더 많이 드는) 지표수를 쓰도록 제약을 가하는 대신 보존할 필요가 있는 고대 지층의 물을 퍼 올려 쓰는 것을 방치하였는가? 환경보호단체들은 관계 당국이 고용 창출과 유지만을 중요하게 생각하여 거대 다국적 기업의 눈치를 보며 싫은 소리도 못하고 어떤 행동도 취하지 않는 것이라고 주장한다. 프랑스 컴퓨터 산업에서 매우 큰 비중을 차지하고 있는 IBM의 주장은 아주 간단하다. 다른 경쟁 업체들도 모두 그런 물을 퍼 올려 쓰기 때문에 자사도 똑같이 하지 않는 한 경쟁력에서 뒤진다는 것이다.

환경의 보호와 친환경 개념에 입각한 지속적 성장이라는 이상이 현실 논리 앞에서 어떻게 무너지는가를 적나라하게 보여준 사건이었다. 친환경 개념에 입각한 지속적 성장이 중요하다는 인식은 널리 퍼져 있음에도 불구하고 기업의 경쟁력이라는 논리 앞에서는 힘을 잃는 경우가 흔하다. 기술의 진보, 고용 창출, 경쟁력 유지라는 미명들이 물에 관련된 정책을 결정할 때 중요한 고려 요인이 되는 것이 현실이다.

우리가 살펴 볼 또 하나의 중요한 사건은 1997년 필리핀 마닐라 시의 상수도 민영화이다. 상수도 사업을 두 개의 민간 컨소시엄에 넘긴 것이다. 인구가 1천만 명이나 되는 마닐라 시의 상수도 사정은 참으로 딱하기 그지없다. 전체 시민 가운데 40%가 물 부족으로 고생하고 있으며 상수도를 통해 공급되는 물 가운데 절반이 중간에서 누수로 사라져 버리는 데다가 정수 시설도 없어 공급되는 물은 대개 오염된 물이다. 첫 번째 민영화 사업자로 선정된 컨소시엄은 마닐라 동부를 할당받았는데 한 개의 필리핀 기업과 미국의 벡텔, 그리고 영국의 유나이티드 유틸리티즈가 참여하였다. 두 번째 사업자로 선정된 컨소시엄 또한 하나의 필리핀 기업과 그 유명한 프랑스의 리오네 데 조로 구성되어 마닐라 서부를 배정 받았다.

정부가 떠맡아야 할 책임을 민간에게 넘긴 이 사건은 두 가지 중요한 의미를 담고 있다. 첫째, 총 75억 달러가 투자된 이 사업은 그렇지 않아도 물의 소유, 확보, 관리, 활용의 권리를 민간화하려는 동향에 힘을 실어 주어 다른 대도시들이(멕시코 시티, 하노이, 부에노스 아이레스, 카사블랑카, 모스크바) 줄줄이 상수도 사업을 민영화하게 만들었다. 둘째, 마닐라 시는 상수도 사업 민영화로 덜 가진 사람들이 더 가진 사람들의 물값을 부담하는 어처구니없는 결과를 초래하고 말았다. 마닐라 동부(상업 지구가 들어서 있는 부유층 지역이다)를 맡은 첫 번째 컨소시엄은 물값을 입방 미터 당 7센트로 책정한 반면, 서부 지역을 맡은 두 번째 컨소시엄은 14센트로 정하였다. 게다가 이 상수도 요금은 두 가지 모두 민영화 이전에 부유층에게 물리던 요금(입방 미터 당 28센트)에 비해 턱없이 싼 것이다.

최근까지 (미국에서조차) 물은 거세기만 한 민영화의 바람 속에서도 공공 부문이 보유하고 있던 공공재이며 서비스였다. 지난 20여 년 사이에 민영화의 바람이 공공 부문의 은행, 보험, 가스, 전기, 철도, 우편, 텔레커뮤니케이션을 모두 집어삼켰어도 물만은 공공 부문에 남아 있었다.

상수도 사업의 민영화는 물을 공급하는 서비스의 양상에 변화를 초래하고 각국의 정치 지도자들로 하여금 더 이상 민영화에 거세게 반발할 수 없게 만드는 것 같다. 이 현상은 10여 년 전부터 정치 지도자들과 일반 대중에게까지 별 저항 없이 받아들여진, 물도 경제적 자산이며 물의 소유와 활용 역시 시장 경제의 원리에 따라야 한다는 인식에 기인한 것이다. 이 점에 대해서는 나중에 다시 이야기할 것이다.

이제 우리가 살펴볼 마지막 사건은 향후 물과 관련하여 중요한 이정표가 될 만한 사건이다. 미국 서부 지역에서, 그러니까 캘리포니아 주와 인근 콜로라도, 네바다, 애리조나 주가 얽혀 수십 년을 끌어 온 물로 인한 분쟁이 당사자들의 합의로 끝을 보게 된 사건이다. 연방정부의 정치적, 재정적 압력에 굴복한 로스앤젤레스 시 당국은 (40년 동안 고집스럽게 부인해 왔던) 로스앤젤레스 시가 오웬 호수의 극심한 고갈의 주원인이며, 호수의 고갈로 주변 지역에 심각한 영향을 미친다는 사실을 인정하기에 이르렀다. 로스앤젤레스 시는 또 로스앤젤레스 시와 주변의 대규모 농장들이 콜로라도 강(더 이상 바다로 흘러 들어가지 못하는 세계에서 몇 안 되는 강 가운데 하나이다)에도 책임이 있다는 사실까지도 인정하였다. 분쟁에 관련된 당사자들(오웬 호수 주변의 주민들, 로스앤젤레스 시와 샌프란시스코 시, 대규모 농장주들, 샌디에이고 주민들, 네바다 산간 지역에서 청정수를 끌어다 쓴 캘리포니아 주 소재 56만 개 수영장 소유주들, 애리조나 주와 네바다 주 주민들) 사이에 이루어진 합

의는 앞으로 이 지역의 물 공급을 위한 장기적이면서도 모두가 동참하는 관리 체제를 마련할 것이다.[14]

이 사건은 두 가지 교훈을 전해준다. 첫째, 경제 성장만이 목표가 되고 일방적 이익(경제적 이득 외에 라이프스타일과 소비 생활 면에서)만을 추구할 때[15] 갈등은 반드시 생기게 마련이라는 것이다. 둘째, 그런 갈등은 힘의 논리를 앞세워 승자와 패자가 갈리는 대립보다는 함께 나누고자 하는 보편적이고 상식적인 태도에 의해 해결될 수 있다는 것이다. 이런 교훈은 물 때문에 갈등 양상을 보이는 나라의 관계자들에게 귀감이 될 것이다(예를 들면, 티그리스 강과 유프라테스 강을 둘러싼 터키와 인접국들, 이스라엘과 주변 아랍국들, 나일강 수원의 영향을 받는 8개국, 메콩강 주변국인 태국, 베트남, 캄보디아, 라오스 등이다).

지금까지 살펴본 다섯 가지의 사건들은 매우 교훈적이라고 할 수 있다. 기술, 재정, 경제, 문화, 정치, 종교 등의 어느 측면에서 살펴보아도 인간이 물 때문에 대립하고, 병들고, 죽고, 환경을 파괴하고, 도시를 황폐하게 하고, 사회적 마찰을 일으킬 이유가 없다는 것을 알 수 있다. 물을 인간의 공동 자산으로 취급하는 통제 체제를 마련한다면 경제적 복지와 이익 추구를 위한 노력을 협조와 상호 발전의 계기로 삼을 수 있다는 사실 또한 깨달을 수 있다.

그렇게 하자면 현 상황과 법, 제도 등이 많이 바뀌어야 한다. 그렇기 때문에 물의 혁명이 '21세기의 가장 시급한 혁명' 이라고 말하는 것이다.

2030년까지 기다릴 시간이 없다

현재의 바람직하지 않은 상황에서 벗어나려면 앞으로 10~15년 사이에 적어도 세 가지 변화가 일어나야 한다.

첫 번째는 물에 대한 우리의 인식 변화이다. 인간과 물의 관계를 지구 생태계와 인간의 맥락에서 이해하는 것이다.

지난 20여 년 간 인간 사회는 기술, 체육, 예술은 물론 거의 모든 것에 대해 기술적, 그리고 경제적 가치로 그 의미를 부여하는 풍토를 조성해왔다. 인간 신체의 장기를 포함해 많은 생물과 지구의 자원을 비용, 가격, 이익 가능성, 생산성 등 경제적 가치로 환산할 수 있는 물건으로 인식해 온 것이다. 특히 1980년대 중반 이후 경제협력개발기구, 세계은행, 국제통화기금, 아시아 개발은행, 라틴 아메리카 개발은행 같은 국제 기구들은 더욱 자주, 그리고 더욱 분명히 물을 경제적 자산이라고 말해왔다. 전 세계에 걸쳐 참으로 많은 보고서와 국제 회의, 공식적 선언들이 그런 시각을 정치적, 과학적, 경제적으로 뒷받침하였다.[16]

또한 경제계(산업 자본가, 금융 자본가, 보험 업계 등)의 대부분 사람들이 그 같은 사고 방식을 부추기고 지지하였다. 물론 그들이 은밀히 모여 음모를 꾸민 것은 아니다. 그러나 지난 10여 년을 뒤돌아보면 위에서 언급한 국제 기구들과 산업계 인사들 사이에 물에 관한 어떤 암묵적 동조가 있는 것은 아닌가 하는 의심을 품지 않을 수 없다. 비근한 예로, 지속적 성장을 위한 세계 경제인 회의

(IBCSD: International Business Council for Sustainable Development)와 세계은행의 입장만 보아도 알 수 있다.[17]

물의 관리를 위해 공공 부문과 민간 부문이 제휴해야 한다는 주장은 이제 폭 넓은 공감을 얻고 있는데다 현실적으로 그렇게 될 것이다. 그렇기는 해도 지금처럼 공공 부문과 민간 부문이 대립하는 양상에서 벗어나 관련 당사자로서 서로 협조해야 한다는 그들의 주장이 순수하기만 한 것은 아니다. 분명히 지적되어야 할 것은 그들이 주장하는 협력 관계에서는 공공 부문의 정책이나 재정, 운영 능력은 평가 절하되고, 민간 부문은 과대 평가되고 있다는 사실이다. 그들이 분석하고 제안한 공공 부문 개선안은 공공 부문의 취약점에만 초점을 맞추고 있으며 그런 심각한 문제가 개선되지 않는 한, 민간 부문과 효율적으로 발을 맞추어 일할 수 없다는 논지를 펴고 있다. 반대로 민간 부문에 대해서는 장점만을 부각시키면서 지금까지 공공 부문이 독점해 온 그 일을 민간 부문이 함께 할 때에만 효과적으로 일을 수행할 수 있다는 주장을 펴고 있다. 민간 부문이란 말이 효율, 이익, 투명성, 유연성, 신속성, 혁신의 대명사로 쓰이고 있는 것이다.[18]

물의 관리를 위한 공공 부문과 민간 부문의 제휴는 물에 대한 민간 부문의 사고 방식을 확대하고 실행함으로써 생명의 근원인 물을 이익 추구를 위한 주요 자원으로 변질시키고, 민간 자본의 마지막 정복 대상으로 만들 위험이 있다.

물론 모든 나라가 그 같은 흐름에 휩쓸려 가고 있는 것은 아니다. 오히려 반대 방향으로 움직이는 나라들도 있다. 1999년 9월

하순, 네덜란드 정부는 수자원 관리를 공공 부문에 그대로 남겨 두겠다는 내용을 상원에 통보하였다. 한편, 공공 부문과 민간 부문이 서로에게 가장 잘 맞는 역할을 하면서 진실한 의미의 균형 잡힌 협력 관계를 이루어 나갈 수 있다는 인식을 갖춘 산업 자본가들과 경제 단체들도 많이 있다.

물은 절대 석유의 전철을 밟아서는 안 된다. 물을 기술이나 이익의 대상으로 인식하려는 사고 방식을 버려야 하며, 임자 없는, 그래서 누군가 자기 것으로 만들 수 있다고 생각하는 그런 대상이 아니라 모두의 것, 특히 기술적으로나 경제적으로 하나 되었다는 세상에서 진정 모두의 것이 되도록 만들어야 한다. 이런 인식의 변화가 가장 우선되어야 하지만, 사실 실현하기에 쉽지는 않다. 그러자면 시민운동 단체, 노조, 국적을 초월한 지식인들(특히 언론과 창조적 직업에 종사하는 사람들)의 전문적, 그리고 정치적 노력이 필수적이다.

두 번째 변화는 수자원의 소유권과 통제권을 국가가 유지하는 것이다. 16세기의 근대 국가 성립 이후 국가가 지녀 온 수자원의 소유권과 통제권은 근대 국가의 초석을 강화하고 국가를 유지 발전시키는 데 크게 기여하였다. 그것은 또한 최소한의 인간다운 생활을 보장하였으며, 19세기 말까지는 미약하나마 생존을 위한 재화의 빈부 격차를 줄이는 데도 이바지하였다.[19]

그러나 수자원의 소유권과 통제권을 국가가 유지한다는 것은 동전의 양면과 같은 성격을 지닌다. 즉, 다음과 같은 바람직하지 않은 현상이 나타날 수 있다는 말이다.

- 국가의 수자원을 개발하고, 관리하고, 사용하는 것에 대한 모든 의사 결정이 중앙집권적 관료주의 체제 하에 집중되는 부작용이 생긴다.[20]
- 민족주의자나 팽창주의자들의 목적, 혹은 지정학적 또는 군사적 전략을 돕기 위한 수자원 개발 정책이 등장할 수 있다. 여러 나라에서 독재 정권들이 자신들의 권한을 강화하고 지역적 지지를 얻기 위한 수단으로 강이나 하천 유역을 정비하고 개발하였으며, 또 댐을 건설하였다. 이런 현상은 아직도 계속되고 있는데, 그들의 불순한 의도는 알 만한 사람은 다 아는 상식이라고 할 수 있다. 그러다 보니 '자기 나라 이익만' 생각한 그들의 개발은 종종 수자원을 둘러 싼 인접 국들과의 갈등을 유발시킨다.[21]
- 여러 종류의 수자원을 관리하기 위해 중앙 정부나 지방 정부가 민간 업체들과 민관 협력체를 구성하고 계약을 하는 과정에서 부정 부패가 싹틀 수 있다.

국민의 권익을 보호한다는 차원에서 수자원이 중앙 집권적 관료주의 체제 하에 국유화되는 것은 막아야 한다. 그렇다고 해서 민간 기업에 수자원의 소유권과 통제권을 넘겨야 한다는 것은 더더욱 아니다. 공공 서비스를 관장하기 위한 협력체(진정한 의미에서 협력하여 그 일을 해 나가는)는 국가 기관이어서도 안 되고 자본주의의 논리에 충실한 민간 기업이어서도 안 된다. 소위 선진국이라고 하는 나라들이 공공 서비스를 민간 기업들에 넘긴 것은 문제가 있는 선택이다.

수자원을 국유화하지 않는다고 해도 그것은 현재 민간 기업들이 유포시킨 개념의 민영화와는 아주 달라야 한다. 예를 들어 인도(아프리카나 남미의 다른 여러 나라에서도 비슷한 예를 볼 수 있지만)의 수자원 및 여러 공공재의 탈국유화에는 바람직하고 긍정적인 내용이 많이 포함되어 있다. 인도는 그런 공공재의 소유권과 관리권을 지역 공동체(특히 마을 단위)에 넘겨주고는 했는데, 이런 조치는 영국의 식민 통치를 받기 이전의 옛 인도 전통을 계승한 것일뿐더러 현대 인도의 특수 상황과도 부합하는 것이다.[22]

그렇다고 해서 마을 공동체나 도시의 서민 공동체를 이상적 대안이라고 주장하는 것은 아니다. 몇몇 나라에서 실제로 있었던 일이지만, 그렇게 소유권과 통제권을 넘겨 받은 지역 협력체는 정부에 비해 너무 힘이 미약해 다국적 기업들에게 맞서지 못하고 결국 소유권과 통제권을 넘기고 말았다. 게다가 유럽 역사를 돌이켜 볼 때 주권을 가진 수많은 도시국가들이 영토와 영향력의 확대를 위해 끊임없이 대립했던 시기가 있었다는 사실은 자칫 작은 공동체들 사이에 그 같은 대립이 확산될 수 있음을 짐작케 한다. 게다가 작고 오래된 마을이 크고 현대화된 도시에 비해 더 평화롭고, 협조적이며, 차별이 적다는 보장도 없다. 시민운동 단체들이 얼마 안 되는 기금을 얻기 위해 서로 무익한 싸움을 하는 것을 보면 이를 알수 있다. 또 지난 몇 년 사이에 에콰도르에서는 물 때문에 작은 촌락 공동체들이 끊임없이 싸우는 것이 목격되었다. 그럼에도 불구하고 역사가 우리에게 가르쳐 주는 교훈은 서민들의 공동체가 수자원에 대한 책임을 주로 맡았을 때 확실하고 지속적인 수자원 관리 체계가 더 쉽게 뿌리내릴 수 있다는 사실이다. 정치적 산물인 국가 체제보다는 그들이 더 물을 공공재로 인식하기 때문이다.

지금까지 살펴본 대로 현대에 들어서 수자원을 탈 국유화한다는 것은 세계 물 협약의 원리, 지침, 방향 등과 부합하는(자세한 내용은 뒤에서 알아볼 것이다) 새로운 수자원 관리와 통제 체제를 마련한다는 의미이며, 또 수자원에 대한 통합된 권리를 지역 공동체, 시민 단체, 마을이나 도시 결속체, 사회적 협력체 등의 공공 단체에 맡긴다는 뜻이기도 하다.

세 번째 변화는 화합과 지속적 성장이라는 명제에 반하면서도, 현재 전 세계의 농업을 주도하는 논리와 아프리카, 아시아, 남미에서 일어나고 있는 도시 팽창의 저변에 깔려 있는 논리에 가해져야 할 변화이다.

근대국가들이 보유하고 있는 정형화된 규제 권한과 사회 계층 사이의 힘의 불균형은 최근까지도 예전 방식으로 일하던 자작농을 집약적 기업농으로 대체하였으며, 그 같은 추세를 당연한 것으로 받아들이도록 만들었다. 그 같은 추세가 내세우는 논리는 한 나라의 식량 자급자족을 이룩하고 농작물의 생산, 유통, 마케팅의 전 과정을 현대화하여 농민의 생활 수준을 향상시킨다는 것이다. 비슷한 논리로 서구 사회에서는 도시의 팽창이 국가의 발전과 국력 신장으로 여겨져 왔다. 얼마 전까지만 해도 사람들은 런던이나 뉴욕이 세계에서 가장 인구가 많고 큰 도시라는 것을 아는 것이 무슨 대단한 지식이라도 되는 것처럼 생각했었다. 1980년대에 '파리2000'

이라고 명명된 도시 계획에 참여해 일한 사람들은 파리를 인구 1천 2백만 명의 유럽 최대 도시로 만들려는 목표를 세웠다.

오늘날 전 세계의 잉여 농산물은(잉여 이익을 추구하는 '잉여 농업'에서는 당연한 결과이다) 미국, 유럽, 캐나다, 호주의 농민들과 영농회사들이 생산한 작물과 어우러져 치열한 판매 경쟁을 겪고 있는 데다가, 전 세계 여러 대륙의 농작물 유통 경쟁까지 곁들여져 이제 더 이상 한 나라 농민 전체의 결속(유럽의 경우 옛 유럽의 결속) 같은 것은 생각할 수 없게 되었다. 혹시 그 같은 주장을 한다고 해도 그것은 집약적, 규모의 경제를 추구하는 자본주의의 시장 경제원리를 충실히 따르는 거대 자본 영농 기업들이 자신들의 이익 추구를 미화하려는 미사여구에 불과할 뿐이다.[23] 이 같은 농업이 생태계에 초래한 재앙에 대해 우리는 너무나 잘 알고 있다. 토양 오염과 토질의 황폐화, 화학 비료, 중금속, 기타 독성 물질에 의한 지표수 및 지하수의 오염,[24] 또 그 같은 영농 방식이 전 세계의 가난한 나라들로 퍼져 나가면서 발생한 지역 농업 기반의 와해와 생명 체계의 붕괴를 빼놓을 수 없다. 소위 '선진 영농'이라는 그 같은 농업은 이제 어느 곳에서나 비난을 받고 있으며, 그것이 내세우는 '공존'과는 상반된 부작용을 초래하고 있다.

부작용의 예를 살펴 보자.

- 식량은 계속 증산되어 왔음에도 불구하고 세계적으로 굶주리는 사람들의 수는 줄지 않고 있다. 오히려 최근 몇 년 동안 아시아와 아프

리카의 일부 지역에서는 그 수가 늘기까지 하였다.[25] 밀이나 쌀 같은 주식용 곡물의 생산이 줄어드는 걱정스런 상황이 일어나고 있다. 그것은 부가가치가 높은 식용 작물(애완 동물용 사료 작물, 패스트 푸드용 작물, 희귀 식품, 구매력이 높은 소비자들을 겨냥한 특수 작물)을 재배하려는 추세 때문이다.

• 농업의 밑바탕에 흐르는 정신인 상생(相生)과는 전혀 상반된 현상들 가운데 가장 눈에 띄는 것이 토질의 황폐화이다. 토질의 황폐화가 계속되는 것은 사실 관련 당사자들이 그것을 원하기 때문이라고 할 수 있다. 그들은 한결 같이 이런 변명들을 늘어놓는다. '나 혼자서 무얼 어떻게 할 수 있단 말인가?,' '다른 사람들도 농사짓는 방식을 바꾸지 않는데 나 혼자 바꾸면 경쟁이 안 되지,' '조만간 무슨 해결책이 나오겠지. 기술이 하루가 다르게 발전하지 않는가?'[26] 그러나 해결책은 우리 모두가 이미 알고 있다. 그것은 지역적으로 혹은 세계적으로 모두 과거의 자작농들이 영위하던 생산성 높은 친환경적인 영농법을 개선, 활용하는 것이다.[27]

농업의 문제만큼이나 심각한 부작용을 초래하는 현상이 가난한 나라들의 도시 팽창이다(대량 빈곤의 대량 도시화라고 부른다). 1950년부터 1990년 사이에 인구가 백만 명 이상이 된 도시는 전 세계적으로 78개에서 290개로 늘었다. 2025년에는 650개로 늘어날 전망이다. 이런 도시들 가운데 대다수(약 250개)가 아시아, 남미, 아프리카의 도시들이다. 그 가운데 21개 도시는 조만간 인구가 1천만을 넘을 것인데(그 중 15개 도시가 바닷가에 자리 잡고 있다) 자그마치 17개 도시가 제 3세계의 도시라는 데서 심각성을 엿볼 수 있다.[28]

그 같은 도시들의 사회적, 경제적, 환경적 안정과 발전은 거의 기대할 수 없다. 물론 캘커타에 사는 빈민도 행복이 무엇인지는 알 수 있을 것이다. 그러나 캘커타는 여전히 대량 빈곤의 대도시이다. 천연 집수(集水)지역에 모여 사는 캘커타에 사는 사람들 대부분은 그 곳이 살기 좋아서 택한 것이 아니다. 물론 극소수의 부유층들은 가끔씩 그 곳에 들러 '특별한 체험'을 즐기곤 하지만 말이다.

물이 있어야 도시가 설 수 있다. 그러나 물의 부족과 오남용은 도시의 미래를 앗아간다.

선진국 사람들 가운데 자신들이 사용하는 수돗물이 수원의 오염으로 인해 수질이 점점 악화되어 가고 있다는 사실을 아는 사람은 별로 없다. 그런 현상을 그들이 제대로 깨닫지 못하는 이유는 물을 정수하여 공급하는 데 드는 비용이 점점 늘어가고 있지만 그 비용을 상대적으로 부유한 도시 사람들이 부담하기 때문이다. 물 1입방미터를 정수해 내는 비용이 1달러 50센트에서 평균 50%씩 증가한다 해도, 수돗물의 500배 내지 1,000배 값에 달하는 병에 담긴 생수를 쉽게 사먹는 사람들에게 그 정도 돈은 생각할 가치조차 없는 것이다.

그러나 가난한 나라에 사는 사람들은 물질이란 언제든지 부족해질 수 있다는 사실을 잘 알고 있다. 게다가 잘 사는 나라의 부유층과 달리 못 사는 나라의 부유층은 정치적, 사회적, 문화적 특성으로 인해 대다수 사람이 시달리고 있는 빈곤의 악순환을 해결하는 데 도움을 주지 못하고 있으며, 가난한 사람들은 또 그들대로 그것이 자기들의 운명이려니 하고 받아들이고 있다. 그들이 사는 환경의 공중 보건과 위생 상태는 참혹하기 그지없다. 인도 국민의 70%가 물을 만족스럽게 얻어 쓰지 못하고 있다. 멕시코 시티, 카라치, 마닐라, 자카르타, 리우데자네이루, 부에노스 아이레스, 카사블랑카, 델리, 하노이, 카이로, 상해, 서울 등의 도시에서도 전체 시민의 30~40%가 먹을 물을 제대로 얻지 못해 고통을 겪고 있다. 물론 여유가 있는 사람들은 병 속에 든 물을 사 먹는다. 이런 현상은 그 도시들의 인구가 급속히 팽창한 데 기인한다. 예를 들어, 멕시코 시티의 인구는 1940년에 150만 명이었는데 1990년에 1천5백만 명으로 늘었다. 1950년에 5백만 명이던 상해의 인구는 1990년에 1천4백만 명으로 늘어났다. 1930년에 1백만 명이던 자카르타의 인구는 현재 2천만 명에 달한다. 멕시코 시티도 지금은 2천만 명에 육박할 것으로 보인다. 캘커타는 이미 2천만 명을 넘어섰고 곧이어 봄베이도 그 문턱을 넘어설 것이다.

결국 이런 도시들의 가장 큰 문제는 시민들의 건강이다.[29] 설사 물 부족 때문에 고통받지 않는다 하더라도 그 수질이라는 것이 형편없다. 세계보건기구가 제시한 음료수의 적정 기준에 크게 미치지 못하는 물들을 마시고 있는 것이다. 방글라데시와 서(西) 뱅갈의 물은 비소에 오염되어 있는데, 참으로 곤혹스럽고 딱한 일이다.[30] 물의 문제는 물만으로 끝나지 않는다. 아프리카, 남미, 아시아의 도시들이 수질 좋은 물을 더욱 더 많이 필요로 하게 됨에 따라 농업(다수확 품종의 다른 곡물을 대체 재배하는 농업) 분야에는 물이 모자라게 된다. 이는 결국 도시 주민들로 하여금 점점 더 많은 수입 곡물과 식품을 사 먹을 수밖에 없게 하는데, 그 결과 개인의 지출은 늘어나고 국가적으로도 물 공급, 농업, 공중 보건, 교육 등의 인프라에 투자할 재원을 확보하기 어렵게 된다. 빈곤의 악순환은 더욱 빠른 속도로 되풀이되는 것이다.

인구는 급속도로 늘어나는데다, 부유한 나라들의 가치 체계와 일 처리 방식이 주도하는 사회 경제적 환경이 부담을 가중시키는 가운데, 대량 빈곤의 대도시화 문제로 어려움을 겪는 대부분의 나라들의 물 수요는 기하급수적으로 늘어 해결이 거의 불가능할 것이다. 세계은행의 전망에 따르면 도시화가 급속히 진행되고 있는 위와 같은 지역들이 그나마 현재 수준의 물 공급과 하수 처리(너무나 형편없다) 능력을 유지하려고 해도 지금부터 2025년까지 매년 국내총생산(GDP)의 1%를 투자해야 한다고 한다. 소위 개발도상국들이 수자원을 관리하고 공급하기 위한 인프라 구축에 투자해야 할 자금의 규모는 향후 10년 사이에 6천억 달러 정도가 될 것인데 그 가운데 6백억 달러 정도만이 국제적 자금을 통해 조달이 가능하다. 그러니 그로 인한 여파를 짐작해 보는 일은 어렵지 않을 것이다.

물의 혁명을 완수하기 위해서 먼저 일어나야 할 3가지 변화에 대해서 살펴보았는데, 그 같은 변화들이 실제 일어나도록 하기는 어려울 것이다. 원체 규모가 큰 문제들인 데다가 그런 문제들을 해결하는 수단마저 한두 사람의 문제가 아니기 때문에(무엇보다도 집단적 선택과 행동이 필수적이기 때문에) '물을 위한 전쟁'[31]은 도무지 승산이 없는 싸움처럼 보일지도 모르겠다.[32] 많은 사람들이 2020년에서 2025년 사이에 아시아, 아프리카, 남미의 대도시에 사는 사람들의 생활환경 악화 정도는 도저히 손을 써볼 수 없는 지경에 이를 것이라고 내다보고 있다. 선진국 정치 지도자들과 관계 전문가들은 얼마 전까지 그런 대도시들이 안고 있는 문제들을 해결하고, 안정에 바탕을 둔 지속적 성장을 달성하는 데 필요하다고 생각되는 자금과 기술 지원에 앞장섰다. 그러나 이제 그들은 지원과 협력 정책을 포기하였다(그 사실 자체는 그렇게 나쁘지만은 않다. 진정한 물의 혁명을 이루기 위해 필요한 변화를 모색하는 데 방해가 되던 요인이 사라진 긍정적인 효과도 있는 것이다). 이제 그들의 주장은 단순 명료하다. "원조 같은 것은 잊자. 사업성만 생각하자!"

그 결과 전체적인 상황은 나빠졌지만 소수의 사회 단체들, 도시나 지역 공동체들이 앞으로 10~15년 사이에 참으로 어렵지만 난관을 극복하고 성공적으로 수자원을 관리하고 나누는 모습을 보일 수도 있다. 그렇게 되면 최대한 많은 사람에게 혜택이 돌아가는 실질적이며 지속적인 개발의 새로운 본보기가 제시될 것이다. 그것이 우리가 바랄 수 있는 희망이다.

근본적인 의문들

지금까지의 논의를 듣다 보면 다음과 같은 3가지 근본적인 의문을 품게 될 것이다.

- 지난 20여 년 사이에 개별 국가들과 국제 기구들이 많은 조치들을 취하고, 투자를 하고, 또 수천 개의 시민 운동 단체들이 노력했음에도 불구하고 전 세계가 직면한 물 문제는 왜 나아지지 않았는가?
- 수자원의 통제권을 현재 선진국 정책이 주로 선택하는 방향에 따라 막대한 자금을 가진 기관이나 단체, 기업 등에게 넘긴다면 2020년에서 2025년 사이에 생명의 근원인 물을 얻지 못해 고통받을 것으로 예상되는 30억 명(세계 전체 인구 80억 명 가운데)을 그런 고통에서 구할 수 있을 것인가?
- 캐나다 퀘벡의 연금 생활자나, 북유럽 스톡홀름의 볼보 자동차 회사 직원, 택시 기사가 무슨 까닭에 아프리카 세네갈의 가난한 농부가 물 때문에 겪는 고초, 또는 인도 캘커타 빈민의 어려운 삶이나 멕시코 시티에 사는 실직자의 고통을 자기의 아픔처럼 생각해야 하는가? 게다가 모든 인간이 안전한 물을 마실 수 있고, 모든 사회가 농업, 산업, 기타 다른 용도로 물을 쓸 수 있도록 하기 위해 그들이 실질적이고 구체적인 행동을 해야 하는 근거는 무엇인가?

두 번째와 세 번째의 의문에 대해서는 나중에 살펴보기로 하고 여기서는 첫 번째 의문에 대해서만 알아보기로 하자. 그런 의문을 품는 것은 당연하다.

사실 1970년대 후반 이후, 특히 물을 주제로 한 첫 번째 대규모 국제 회의(1977년 유엔이 아르헨티나의 마르 델 플라타에서 개최) 이래 세계의 정치 지도자들은 수질 좋은 물을 충분히 공급하는 일이 간단한 문제가 아니며, 물 부족과 물 공급 사정의 악화가 심각한 수준에 이르렀다는 것을 충분히 깨닫고 있다. 마르 델 플라타 회의는 물의 현실을 직시하게 만들었으며 물 문제를 국제 사회의 중요한 쟁점으로 부각시켰다. 그러나 '물의 위기'는 계속 악화일로를 치달아, 유엔은 마르 델 플라타 회의 개최 이후 20년 만에 다시 유네스코의 주재로 '물: 엄습해 오는 위기인가?'라는 주제 아래 수많은 국제회의를 열었다.

1977년, 물 문제를 방치할 단계가 아니라는 인식이 싹텄던 시점에서부터 1998년의 '엄습해 오는 위기'(유네스코는 사실 위기인가하고 물으면서 물음표를 달아 놓을 필요도 없었다)를 주제로 회의를 할 때까지 국제 회의, 지역 회의, 대륙별 회의 등 많은 회의와 포럼이 열렸다.

또 다른 많은 회의들은 관련 공공 기관이나 전문가 조직 등의 후원 아래 열리기도 하였다. 그와 같은 각종 행사들의 영향은 절대 과소 평가할 수 없다. 많은 실천 프로그램, 프로젝트, 결의, 선언 등이 뒤따랐는데 그 가운데 어떤 것들은 물의 문제를 심각하게 받아들였다는 점에서도 의미가 있었지만 물에 대한 새로운 개념의 정립(물에 대한 권리와 같은)과 새로운 해결책의 제시라는 면에서도 중요하게 평가되어야 한다.

1997~2000년 사이에 개최되었던 물을 주제로 한 주요 국제 회의

1997	장 소	회의명
3월 11일	마라케쉬	제 1회 세계 물 포럼
9월 1~5일	몬트리올	국제 수자원 협의회의 '21세기의 수자원 전망 : 갈등과 기회를 주제로 한 제9회 세계 회의'
11월 3~7일	마닐라	수자원공급과 수질 안전을 위한 협의 회의 제4회 세계 포럼
11월	요코하마	국제 공공 서비스 회의 물 공급 규약 채택
12월 18~20일	발렌시아	유네스코가 후원하는 '21세기의 수자원 관리 : 국제 재판소의 설립을 도모하며'를 주제로 한 국제 회의

1998	장 소	회의명
1월 27-30일	하라레	유엔 제6차 회기를 위한 '맑은 물 관리를 위한 전략적 접근'을 주제로 한 전문가들의 준비회의
3월	본	독일 정부가 주최한 국제 강 수원 관리를 위한 국제 회의
3월 19~21일	파리	프랑스 정부가 주최한 안정, 지속적 개발과 수자원을 주제로 한 국제 회의
4월 15일~ 5월 1일	뉴욕	수자원 보호를 위한 어젠더 21을 위한 안정, 지속적 개발 위원회의 제6차 회의
6월 3일	파리	세계 수자원에 관한 유네스코 국제 회의 : '물 : 엄습해 오는 위기인가?'
6월 18~20일	레바논	인터내셔널 대학이 주최한 '국제 수로에 관한 국제법과 상대법: 공유하고 나누는 수자원 문화에 대한 교육'을 주세로 한 국제 회의

1999	장 소	회의명
8월	스톡홀름	스톡홀름 국제 물 기구가 개최한 제9회 스톡홀름 물 심포지엄, '물을 통한 결속' 세미나
9월18~24일	부에노스 아이레스	세계 수자원 협의회가 주최한 세계 물 의회
2000	**장 소**	**회의명**
3월 13~15일	멜버른	세계 수자원 협의회가 주최한 '수자원 관리'를 주제로 한 제10회 세계 물 의회
3월 17~22일	헤이그	제2회 세계 물 포럼

✠ 자료제공 : 리스본 그룹

물에 관한 주요 선언(1990년대)

선언의 성격	내 용
물과 위생에 관한 '몬트리올 헌장'	식수 및 하수 처리를 위한 10개년 계획의 공식적인 종결 이전에 옥스팜과 기타 단체가 1990년 6월 18～20일 사이에 공동 개최한 국제 NGO 포럼
지속적 개발을 위한 '더블린 선언'	1992년 6월 리우데자네이루에서 열린 UNCED 회의 준비 차원에서 유엔이 1992년 1월 26～31일 사이에 개최한 물과 환경에 관한 국제 회의
민권, 평화, 지역 발전의 근원인 물에 대한 '스트라스부르그 선언'	국제 물 사무국, EU 의회, 유럽 수자원 협의체가 2월 12～14일 사이에 개최한 유럽 포럼
물과 지속적 개발에 관한 '파리 선언'	유엔 CSD의 6차 회기의 준비 차원에서 프랑스 정부가 1998년 3월 19～21일 사이에 개최한 물과 안정, 지속적 개발에 관한 국제 회의
물의 안전에 관한 '헤이그 선언'	2000년 3월 헤이그에서 개최된 제2회 세계 물 포럼

이 책의 부록에 수록된 별첨 1과 2에는 물과 관련된 국제적 전문기구들과 직접·간접으로 물과 관련된 문제를 다루는 유엔 특수 기구들의 명단을 싣고 있다.

마르 델 플라타 회의 이후 유엔이 2000년까지 전 세계의 모든 사람들로 하여금 안전한 물을 마실 수 있게 하겠다는 취지 아래 1980년대에 제정한 '국제 식수 및 하수처리 10개년 계획(International Drinking Water and Sanitation Decade)'에 앞에서 소개한 모든 기구나 단체들이 어떤 방식으로든 활발하게 참여하였다. 그러나 결과는 목표에 크게 미치지 못하였다. 유엔 관리에 따르면 '10개년 계획' 기간에 새로이 안전한 물을 마실 수 있게 된 사람은 6억 내지 8억 명 정도에 불과하다고 한다. 여기에서 중요한 의문이 들 것이다. 물 문제를 해결하려는 노력에도 불구하고 왜 그토록 성과가 미미한가 하는 의문 말이다.

'10개년 계획' 이후 또 다시 수많은 회의와 포럼들이 열렸고 결국 1992년 6월, 리우데자네이루에서 개최된 '환경과 개발을 위한 유엔 회의(UNCED: UN Conference on the Environment and Development)'로 이어지게 된다(리우 회의는 안정적이며 지속적인 개발을 개발의 원칙으로 삼았고 세계 환경 정책의 기틀을 마련하였다). 또 매년 3월 22일을 세계 물의 날(World Water Day)로 제정하기까지 하였다.

리우 회의는 어젠더 21(Agenda 21)의 틀 안에서 전 세계 차원의 물 정책을 마련하는 것이 시급하다는 사실을 확인하였다. 리우 회의가 열리기 몇 년 전, 세계은행은 '수자원의 안정적이고 지속적인 통합 관리'가 필요하다고 주장하면서 계획안을 내놓고 그 실행을 모색하였으며 여전히 그 실행을 위한 노력을 계속하고 있다.[33]

유엔과 세계은행 산하 기구들의 활동은 거기에서 그치지 않는다. 리우 회의에서 결정되고, 결의되고, 합의된 내용들을 실천에 옮기기 위해 발족된 지속적인 개발을 위한 유엔 위원회(CSD: UN Commission on Sustainable Development)는 그 위원회가 담당하는 몇 가지 문제 가운데서도 점점 그 비중이 커져 가는 물에 관련된 문제를 다룰 회의와 모임들을 주도하고 있다. 1998년 4월 말부터 5월 초까지의 6차 회기 동안에는 독일 정부와 프랑스 정부가 주최한 두 가지 중요 회의를 주관하였다.

1996년 세계은행은 유엔 산하 기구들 및 몇 개국 정부(스웨덴, 네덜란드 등), 그리고 민간 기업(쉬에즈 리오네 데 조) 등과 협력하여 물과 관련된 2가지 기구를 발족시켰다. 세계 물 평의회 (WWC: World Water Council)와 스톡홀름에 있는 세계 물 협력체(Global Water Partnership)가 그것이다. 세계 물 평의회는 물 문제에 대해 세계가 공유할 수 있는 이상적인 대안을 개발, 제안, 보급하는 것을 목적으로 한다.[34] 세계 물 협력체는 공공 기관과 민간 기구가 협력하여 물을 절약할 수 있는 정책을 개발 실천함으로써 물의 수요를 충족시키는 일을 한다.[35]

세계 물 평의회는 1999년 1월 대부분의 유엔 산하 기구, 네덜란드 정부, 세계은행의 협력을 얻어 '21세기의 물 문제를 위한 세계 위원회'(World Commission on Water in the Twenty-first Century)

를 구성하였다. 이 위원회는 세계 물 평의회가 지금까지 수행해 온 일들을 바탕으로 21세기 세계의 물, 생명, 환경을 위한 장기적 계획을 수립하고 실행하게 하려는 취지에서 탄생하게 된 것이다. 3월 17일부터 22일까지 헤이그에서 개최된 제2회 세계 물 포럼에서 이 위원회는 설립 취지에 어울리는 장기적 계획을 제안하고 토의하였다.

이 위원회의 제안에 따르면 세계의 모든 사람이 안전한 물을 마실 수 있도록 하기 위한 세계의 물 관련 정책은 다음과 같은 전제 하에서 추구된다.

- 물은 희소 자원이며 중요한 경제적·사회적 자산이다. 석유 및 다른 천연자원과 마찬가지로 물은 자유 경쟁을 원칙으로 하는 시장의 원리에 맡겨져야 한다.
- 수자원의 합리적이고 효율적인 관리는 엄격한 경제성의 논리 위에서 이루어져야 한다. 공공 기관이든 민간 기업이든 가릴 것 없이 물과 관련된 일에 종사하는 사람들은 자신들의 업무 효율을 소비자 만족도 차원에서 측정해야 한다.
- 물은 건강을 위한 가장 중요한 요소이다. 합리적이고 효율적인 수자원 정책은 가능한 한 최고의 수질을 확보하고 유지하는 것을 목표로 해야 한다. 이 같은 목표를 달성하려면 전 세계적으로 인프라를 구축하고 유지하는 데 막대한 투자가 이루어져야 한다. 그 같은 재원은 이익 동기에 의해 움직이는 자본 시장을 통해서만 조달이 가능하

다. 결국 수자원 정책이라는 것은 돈의 문제인 것이다(투자 자금의
확보와 이윤 생산성의 문제).

마르 델 플라타 회의 이전에 이미 물에 대한 문제에 열성적
으로 투신했던 수천 개에 달하는 세계 여러 나라의 시민 운동 단체
들과 국제적인 민간 운동 기구들은 세계 물의 날 제정을 계기로 더
욱 강화된 다양한 활동(정보 교환, 훈련, 캠페인, 시위, 제안 등)을
전개하고 있다. 이 가운데는 이미 세계적 명성을 얻어 언론에 기사
거리를 제공하는 곳들도 많이 있다. 예를 들자면 그린 피스, 세계
자연재단(Worldwide Fund for Nature), 에콜로지스트(*The Ecologist*), 지
구의 친구들(Friends of the Earth), 어스(Earth), 엔다(Enda), 그린(Green),
솔리다리떼/오(Solidarité/Eau), 스위스에이드(Swissaid), 카리타스(Car-
itas), 그리고 옥스팜(Oxfam) 등이다.

결국 적어도 지난 20여 년 동안 수백만 명에 달하는 사람들
이 물과 관련하여 어떤 식이 되었든 애를 써온 것이 사실이다. 수만
명에 달하는 정치인, 과학자, 경제학자, 민간 단체 대표들이 효율적
인 수자원 관리와 모든 사람이 안전한 물을 쉽게 얻어 마실 수 있게
하려는 싸움에 헌신해 왔다. 수백 종의 프로그램, 프로젝트, 선언들
이 승인되고, 추진되고, 실행되어 왔다. 각 지역의 투자 이외에도
수 백억 달러가 할당되고 투입되었다.

이런 모든 노력에도 불구하고 '위기가 엄습해' 오고 있으며
'물이라는 시한폭탄'이 터질 가능성이 있다.[36]

실상을 설명하기에는 역부족인 '물의 위기'라는 표현

(전 세계에서 14억 명이나 되는 사람들이 마실 만한 물을 전혀 얻지 못하고 있다)

14억 명이나 되는 사람들이 마실 만한 물을 전혀 얻지 못해 고통을 당하는 이 같은 상황에 대해 여러 가지 이유들을 들먹인다(그런데 그 이유라고 하는 것들이 도저히 수긍할 수 없는 것들이다). 어찌 되었든 그렇게 자주 언급되는 이유들을 나누면 다음 4가지로 압축된다.

- 수자원의 불공정한 분배
- 획득 가능한 수자원의 낭비와 관리 부실로 이어지는 모든 요인들
- 점점 심각해지는 공해와 오염
- 특히 제3세계에서 두드러진 인구의 증가

첫 번째 이유 즉, 수자원의 심각한 불공정 분배라는 이유에는 특정 지역과 국가들의 심각한 물 기근이라는 내용도 포함되어 있다. 마실 물 기근 상태를 판단하는 기준 양은 1인당 연간 1,000 입방 미터, 혹은 하루 2,740 리터이다. 500 입방 미터 이하라면 물 기근이 심각한 상태이며, 1,000에서 2,000 입방 미터 사이라면 '물 부족으로 인한 스트레스'를 느끼는 상태이다.[37]

현재 지구의 전체 수자원 가운데 60%가 9개국(브라질, 러시아, 중국, 캐나다, 인도네시아, 미국 등)에 편중되어 있는 반면 전세계 인구의 40%를 차지하는 8개국은 물부족에 시달리고 있다. 지역적으로는 북아프리카, 중동이 극심한 어려움에 처해 있는데 이

지역의 지하 수원을 잠식하지 않고는 1인당 연간 1,000 입방 미터 (물부족 기준치)에 못 미치는 물밖에 얻지 못하고 있다. 사하라 사막 이남의 가용 수자원 양이 1인당 5,072 입방 미터이며 중남미의 경우 22,000 입방 미터인데도 불구하고 중동의 14개국 가운데 9개국이 물 기근에 시달리고 있다.[38]

수자원의 불공정한 분배라는 것이 물의 위기를 근본적으로 설명하지는 못한다. 미국, 브라질, 러시아, 남아프리카 공화국, 중국은 수자원이 풍부한 나라들이지만 그렇다고 수자원 분배와 공급에서 문제가 전혀 없는 것은 아니다. 최근 몇 년 동안 중국 북부, 캘리포니아, 남아프리카 공화국은 물 부족에 시달려 왔는데, 같은 나라 같은 지역 안에서도 그 정도의 차이는 심했다. 남아프리카 공화국에서는 60만 명에 불과한 백인 농부들이 남아프리카 공화국 전체의 물 소비량 가운데 60%를 농업 용수로 쓰고 있는 반면, 1,500만 명의 흑인들이 손쉽게 물을 얻지 못하고 있다. 결국 물의 불공정한 분배보다는 다른 요인들이 물 문제를 야기시키고 있는 것이다.

두 번째 이유인 수자원의 낭비와 비효율적, 그리고 역효과를 내는 관리는 얻을 수 있는 수자원 획득량의 37%를 감소시킨다. 이것은 1인당 7,400 입방 미터에 해당하는 양이다. 최근 몇 년 사이에 가용 수자원 취수량은 급속히 늘었다. 비나 눈 등의 천연 유입으로 인한 수자원 전체 양의 증가는 없었는데도 불구하고 수자원의 사용량은 1900년에서 1995년 사이에 6배로(인구 증가율의 2배 이상) 늘었고 1975년 이래 평균 2배가 늘었다. 전 세계에서 공급되는 수자원 가운데 70%가 농업 용수(주로 관개 용수)로 쓰이는데, 저개발국에서는 그 수치가 80%에서 90%까지 높아진다. 반면에 산업 용수로 쓰이는 양은 20%이며 가정 용수와 기타 용도로 쓰이는 비율은 10%이다.[39]

그러나 정말 문제가 되는 것은 공급되는 과정에서 유실되는 물이다. 현재의 관개 시설이나 방식은 농업 용수로 공급되는 물 가운데 40%를 허비한다. 전 세계의 상수도 시설을 통해 공급되는 물 가운데 50%가 누수로 사라져 버린다(동구, 서구를 가릴 것 없이 유럽 국가 대부분의 상수도관은 제2차 세계대전 이전에 매설된 것이다). 제네바에 소재한 유엔 유럽경제위원회의 자료에 따르면 상수도 누수로 인한 손실액은 연간 100억 달러에 달한다고 한다.

인구 증가, 산업의 성장 및 확대, 공해의 확산 등은 획기적인 조치가 취해지지 않는 한 수자원의 사용량이 계속 늘어날 것이라는 사실을 분명히 짐작할 수 있게 한다. 지표수와 지하수의 오염이 심해질수록 더욱 심층 수원을 찾게 될 것인데 심층 지하수원을 굴착하는 비용은 계속 증가할 것이고 반대로 생태계의 파괴(지하수면의 하강)는 가속화 될 것이다. 유엔 산업개발기구(UNIDO: United Nations Industrial Development Organization)에 따르면 산업 분야에서 필요로 하는 물의 양은 2025년에 이르면 현재의 2배에 달할 것이며 공해 정도는 4배로 늘어날 것이라고 한다.

이 맥락에서 세 번째 이유를 살펴보자. 공해를 유발하는 요인이 점점 늘고 있는데, 그 가운데서도 중요한 요인들은 다음과 같다.

- 과도한 화학 약품, 화합물, 중금속의 사용
  (질소 비료, 납, 수은, 비소 등).
- 생활 하수와 산업용 폐수의 처리 실패. 대부분 방류되는 것이
  현실이다.
- 무분별한 지하수 개발.
- 전 세계 인구의 절반(약 30억 명)이 하수 처리 시설이 미비한
  상태에서 생활 하수를 아무렇게나 방류하는 현실.
- 삼림 황폐화 및 감소와 사막화 등으로 인한 토양 훼손.
- 인간의 환경 파괴로 초래되는 홍수 및 재해의 증가.

최근에 발생한 중국의 양쯔강 범람은 하루에 1,500명의 사망자를 냈으며 양쯔강 인근의 주민 7백만 명을 공포에 떨게 했다(대대적 범람을 막기 위해 몇몇 지방 당국은 댐을 파괴하였는데 그로 인해 많은 도시와 농촌들이 물에 잠겼다). 중국 정부가 사전에 아무 대책을 세워 놓지 않았던 것도 큰 문제이지만 좀더 심각한 문제는 인류의 환경 파괴이다.

네 번째 이유는 인구의 증가이다. 25년 후에는 현재에 비해 20억 명의 인구가 늘어날 것이다. 그들 대부분이 아시아, 남미, 아프리카, 중동, 러시아에 있는 '대량 빈곤의 대도시'에 거주할 것이다. 물의 위기가 닥친 가장 큰 이유는 유한한데다 점점 줄어드는 자원인 물을 마음껏 쓰는 사람들 때문이라고 주장하는 사람들이 있다. 인구는 늘어나는데 물은 점점 줄어드니 위기가 닥칠 수밖에 없

THE WATER
생명을 지키기 위한 물 선언

물은 상품이 아니라

수만 명에 달하는 정치인, 과학자, 경제학자,

민간 단체 대표들이 효율적인 수자원 관리와

모든 사람이 안전한 물을 쉽게 얻어

마실 수 있게 하려는 싸움에 헌신해 왔다.

수백 종의 프로그램, 프로젝트, 선언들이 승인되고,

추진되고, 실행되어 왔다. 각 지역의 투자 이외에도

수 백억 달러가 할당되고 투입되었다.

이런 모든 노력에도 불구하고 '위기가 엄습해' 오고 있으며

'물이라는 시한폭탄' 이 터질 가능성이 있다.

다는 것이다. '21세기의 물을 위한 세계 평의회'의 의장이며 세계
은행의 부총재이기도 한 이스마일 세라젤딘은 세계은행과 더불어
위와 같은 주장을 즐겨 하며 곧 '물 시한 폭탄'이 폭발 시점을 향해
째깍거리기 시작할 것이라고 한다.

그러나 이 같은 주장은 선진국과 후진국 사람들 사이의 물
소비 사이에서 보이는 극심한 불평등을 간과한 것이다. 유엔개발
계획의 1998년 인간개발보고서에 따르면 전 세계 5분의 1에 해당
하는 선진국의 국민들(인구수로는 10억 명 미만)이 한 해 동안 세
계에서 사용되는 물의 86%를 쓰는 것으로 나타났다. 선진국에서
태어난 갓난아기(후진국의 부자 집에서 태어난 아기도 마찬가지지
만)는 그나마 물을 얻어 쓸 수 있는 후진국에서 태어난 아기에 비
해 40배에서 70배에 달하는 물을 쓴다. 우리가 잊어서는 안 되는
사실이 또 있다. 자동차 한 대를 생산하자면 생산 과정 전체를 통
해 40만 리터의 물이 들어간다. 그런데 한 해 동안 세계에서 생산
된 자동차 5천만 대 가운데 대부분을 선진국 사람들이 사서 타고
다닌다.

지난 몇 년 사이에 사람들은 물 문제와 관련해 패권을 장악
하기 위해서는 민족주의에 입각한 지정학, 지리 경제학적 이익 동
기와 힘의 논리가 반영된 전략을 수립할 필요가 있다는 인식들을
갖기 시작했다. 물이 부족해 갈등을 겪고, 그 같은 전략을 수립할
수밖에 없는 것은 물이 부족하기 때문이라고 생각하는 것이다. 그
러나 사실은 그 같은 갈등과 대립이 물 부족의 원인이라는 생각들

은 못하고 있다.

우리는 다음 장에서 그 같은 잘못된 생각에 대해 살펴볼 것이다. 국가와 국가가 물 부족을 이유로 갈등을 겪고 심지어 군사적 대립 상황으로까지 치닫는다면, 그것은 그런 나라들이 모두에게 이익을 줄 수 있는 보편 자원을 함께 관리하고 나눌 수 있는 능력이 부족하기 때문이다. 정치적, 종교적, 윤리적, 경제적 시각에서 보아 무능하다고 할 수밖에 없다.

그런 면에서 볼 때 1998년 독일이 주최하였던 물에 관한 한 국제회의에서 독일 정부가 발표한 내용은 음미할 가치가 있다. 라인 강과 다뉴브 강이 관통해 흐르는 나라들 사이에 맺어진 협정은 해당 국가들의 물 공급 사정을 개선하였다. 부족해 보이는 물 때문에 다른 지역의 나라들은 대립해 왔던 반면 라인 강과 다뉴브 강 연안국들이 물이라는 부를 함께 나누는 데 쉽게 합의할 수 있었던 것은 그 두 강의 물이 다른 어느 곳보다 풍족해서가 아니었다.

한 나라 안에서 수자원을 나누어 쓰는 양상이나 서로 상반되어 보이는 수자원 용도(도시 생활 용수와 농업 용수, 산업이 발달한 지역과 낙후된 지역의 수자원 수요, 경제 성장을 위한 수자원의 활용과 생태계 보존을 위한 수자원 보호 등) 사이의 대립에서도 위와 같은 상황이 연출되고 있다. 갈등의 원인은 카스티야 지역이 안달루시아 지역에 비해 물이 많거나 캘리포니아 주가 네바다 주나 콜로라도 주에 비해 물이 적기 때문이 아니다. 수자원을 통제하고 분배하는 과정에 작용하는 사회 경제적 집단 사이의 세력 균형이 이루어져 있지 않기 때문이다.

　　전체주의적이고 민족주의적인 힘의 논리(결코 오래 가지 못할, 그리고 화합과 안정에 방해가 되는) 저변에 깔려 있는 이와 같은 다른 요인들을 보면 사람들이 물이라는 것을 어떻게 생각하고 있는지, 그리고 물로 인해 다른 사람들을 어떻게 대하고 있는지 알수 있다. 그렇기 때문에 이제 자주 그 실효성에 의문이 제기되는 기술 만능주의적 사고 방식을 특히 경계할 필요가 있다.

　　지금까지 살펴본 바에 따르면 현대의 '물 문제' ― 대륙별 문제이건, 세계적 문제이건, 지역적 문제이건 ― 는 그 근본적 원인이 물을 권력과 부의 원천으로 알고 또 그렇게 행세해 온 '제왕들'의 후예들이 정치, 기술, 경제, 금융, 홍보, 문화 등의 분야에서 행사하는 힘 때문이라는 것을 알 수 있다. 그들이 그 같은 여러 분야에서 휘두르는 힘이야말로 물 문제를 해결하는 데 가장 큰 장애물이다.

THE WATER MANIFESTO

2장
장애물
물의 제왕들

물 과 인간 사이의 관계, 그리고 물로 인한 인간의 상호 관계의 역사를 돌이켜 보자면 '힘들고, 소란스럽고, 재미있다'는 표현들을 배제할 수 없다[40](유대교와 그리스도교의 전통적 사고방식에 따르면 물은 인류의 종말과 관련된 이미지를 갖고 있다는 사실을 잊어서는 안 된다. 즉, 인류는 노아의 홍수라는 물로 인한 종말을 한 번 겪었다). 어쨌든 그 역사는 나눔과 소외, 협력과 전쟁, 이성과 신비, 창조와 파괴로 점철된 역사였다.

인류 역사의 초창기 때부터 물은 사회 유지의 중요한 조정자 역할을 해 왔다. 농경 사회의 부락 공동체는 자신들의 삶의 터전인 땅이 필요로 하는 물이 있는 곳 주위에 자리를 잡았다. 비록 물이 공공 자산으로 여겨지기는 했지만 대부분의 경우 물은 실제적으로나 상징적으로나 권력의 근원이었다. 한 공동체의 구성원 모두가 물에 대해 똑같은 권리를 주장할 수 있었던 적이 없었다. 물을 얻어 쓰는 데는 거의 언제나 불평등이 존재했었다.

이 같은 사실은 중요한 의미를 지닌다. 즉, 과거 인류의 역사에는 과오가 있었다는 문제 제기의 출발점이 되는 동시에 앞으로는 생존의 권리를 모두가 똑같이 얻어 누릴 수 있는 사회를 구현해야 한다는 당위성을 제공한다. 평등과 정의, 그리고 화합이 물 혁명의 기초가 되어야 하며, 이것은 바로 이 책이 추구하는 근본 정신이기도 하다.

물을 둘러싼 공동체들 사이의 관계는 정도 차이는 있어도 대부분 갈등과 대립의 관계였다. 경쟁자를 뜻하는 영어 단어 라이벌

(rival)과 경쟁을 의미하는 라이벌리(rivalry)는 모두 개울이나 시내를 뜻하는 라틴어 리부스(rivus)에서 나온 단어들이다. 라이벌은 저 반대 편 둑 쪽에서 우리와 똑같은 물을 쓰는 사람들이다. 결국 위험이나 공격을 연상할 수밖에 없다.

한마디로 '물의 제왕'은 늘 존재해 왔다. 제왕은 법(통제 체제)을 정하고 실제로는 저지르지도 않은 약자들의 잘못을 벌한다. 오늘날도 그렇지만 강자의 지배에 기초를 둔 체제에서는 힘(특히 경제력)을 가진 사람들이 함께 나누어 갖는 것을 싫어한다.

물의 직접적인 소유와 통제로부터 물의 제왕은 권력을 얻는다. 아니면 물이 생산해 내는 재화와 용역, 혹은 물로 인해 만들어지는 재화와 용역을 얻고, 확보하고, 활용하는 현존 체제로부터 권한을 얻는다. 물의 제왕은 이런 식으로 자신의 행동 역량을 강화하고(지식, 정보, 기술, 자본, 사회적 관계, 문화의 우위라는 관점에서) 지배력을 영속화한다.

물의 제왕이 누리는 권력의 정당성은 수자원을 개발하고, 길어 올리고, 공급하고, 보호하고, 유지하여 자신이 권한을 행사하는 공동체에 물을 대주는 능력에 달려 있다. 대부분의 경우 제왕이 누리는 힘은 다른 나라와 긴장 관계에 놓여 있을 때 더욱 권위를 인정받는다. 결국 '라이벌'과의 관계가 완전히 평화롭지 않은 것이 그에게는 득이 된다.

오늘날 수자원 활용에서 두드러진 대립 양상은 앞서 살펴보았듯이 공생의 정신은 부족하고 수자원 자체는 희귀해져 가는 현실

속에서 양자 택일의 모습을 띠어 가고 있다. 관개 용수로 쓸 것인가 생활 용수(특히 도시 지역의)로 쓸 것인가, 스페인에서 보듯이 수도권 지역 주민들에게 더 많은 물을 공급하기 위해 안달루시아 지역 주민들에게 공급하는 물을 줄일 것인가 하는 모 아니면 도라는 식의 생각을 한다. 앞에서 살펴보았던 프랑스의 IBM 경우는 또 다른 양자택일 식 갈등의 형태이다. 에송 지방 고대 지층의 심층 지하수를 퍼 올려 쓰는 IBM의 경우 물을 어떤 식으로 쓸 것인가, 아니면 어디에 쓸 것인가의 문제보다는 그런 수자원을 써야 하는가, 말아야 하는가(남용과 보존의 대립), 혹은 고대 지층의 심층수를 쓰느냐 지표수를 쓰느냐의 양자택일 식 갈등이 부각되었다. 그러나 정작 관심을 갖고 생각해야 할 문제는 지표수를 쓸 경우 상승되는 비용을 누가 부담해야 하는가이다(IBM이? 아니면 마이크로 칩의 구매자가?).

이와 마찬가지로 물의 제왕은 물로 인해 생산된 재화와 용역을 균등 분배하여 이룰 수 있는 화합과 안정에는 거의 관심이 없다. 왜냐하면 그럴 경우 자신의 부를 잃는다고 생각하기 때문이다. 그는 그런 상황을 두려워할 수밖에 없다. 그의 눈에는 나누는 행위가 위험스럽게 비치는데, 누군가 그렇게 나눈 것들을 축적해 자신의 권력을 탈취할 수 있다고 생각하기 때문이다. 어느 사회에서나 강자들이 인간 생존에 필수적인 기초 자원 분배 과정에 불평등을 조장하고 유지하는 이유는 바로 이 때문이다.

마지막으로 물의 제왕은 물의 상징적이고, 신성하며, 신비적

생 명 을 지 키 기 위 한 물 선 언

THE
WA
NI
물은
상품이
아니다

물을 둘러싼 공동체들 사이의 관계는

정도 차이는 있어도 대부분 갈등과 대립의 관계였다.

경쟁자를 뜻하는 영어 단어 라이벌(rival)과

경쟁을 의미하는 라이벌리(rivalry)는

모두 개울이나 시내를 뜻하는

라틴어 리부스(rivus)에서 나온 단어들이다.

라이벌은 저 반대 편 둑 쪽에서

우리와 똑같은 물을 쓰는 사람들이다.

결국 위험이나 공격을 연상할 수밖에 없다.

인 속성에서 자신의 힘을 이끌어 낸다. 예를 들어 현대와 같은 첨단 기술의 시대에는 댐이 그 같은 상징적이고 신비적인 역할을 한다. 물의 제왕은 인간이 댐이라는 수단으로 물을 다스리고, 그 물로 수영장과 저수지를 채울 수 있는 능력이 있음을 과시한다.

1950년대와 1960년대에 사막 지대인 캘리포니아 주의 할리우드에서는 자동차와 함께 가정집에 수영장을 갖추는 것이 풍요로운 미국의 상징인 도시 할리우드에서 최고의 자유를 만끽하고 과시하는 것이라고 생각하는 풍조가 만연하였다. 그들은 미국이라는 나라가 다른 나라들보다 기술이나 경제력에서 앞서 있고, 또 자신들은 개인적으로 그렇기 때문에 비록 사막 지대에 살지만 가정에 전용 수영장을 갖추고 즐길 권리가 있다고 생각하였다. 오늘날은 기술력과 경제력의 과시가 병 속의 생수로 옮아갔다. 양질의 물은 건강에 좋고 이러한 의미에서 생명력의 원천이라고 생각하면서 병속의 생수를 소비한다.

지금까지 우리가 살펴본 내용으로 물의 제왕들을 비추어 보면, 그들이 줄기차게 주장하고 추구하는 대상의 성격에 따라 그들을 다시 전쟁 제왕, 자본 제왕, 기술 제왕으로 분류할 수 있다.

- **전쟁 제왕**은 다른 나라와의 경쟁이 되었든, 한 나라 안의 양자택일식 수자원 활용이 되었든, 전쟁도 불사하는, 라이벌과의 격렬한 대립에서 권한을 이끌어 내고 유지하는 존재이다.
- **자본 제왕**은 물에서 얻어지는 재화와 용역의 불평등한 분배를 지지

하여 화합을 거부하며, 물을 독점함으로써 권한을 이끌어내고 유지하는 존재이다. 오늘날 수자원의 통제권을 사유화 내지 민영화하려는 주도 세력으로, 그를 통해 다른 어떤 것보다도 경제적 가치(주가)에만 관심을 두는 존재이기도 하다.

• **기술 제왕**은 기술이 모든 것을 해결할 수 있다는 믿음에서(또, 기술적으로 가능한 수단은 남김 없이 실행해야 한다는 믿음에서) 권한을 이끌어 내고 유지하는 존재이다. 또한, 인류의 발전은 사회의 발달에 기인하는데, 그 사회의 발달이라는 것은 경제 성장에 달려 있고, 경제 성장은 기술의 진보에 의해 좌우된다고 생각하는 존재이다.

전쟁 제왕

한 나라 안의 대립

수자원을 둘러싼 한 나라 안의 대립은 제3세계 국가나 선진 산업국을 가릴 것 없이 흔하다. 대개의 경우 대립을 끝낼 수 있는 해결책이 모색된다. 그러나 이해 관계가 크게 걸리고 대립 양상이 첨예해지면 지방 정부는 물론 중앙 정부 역시, 지역 공동체와 국가 공동체 구성원 모두의 화합과 이익을 도모하는 보편 공공재의 이상적 활용 방안을 내놓지 못하는 경우가 많다. 물로 인한 마찰이 점점 늘어나고 갈등 정도가 심해지고 있는 것은 결국 집단적 수자원 통제 체제가 효과적이지 못하며, 한 사회를 구성하는 구성원들과 단체들이 자신들의 이익만 추구하여 분열되어 있다는 사실을 말해준다.

한 나라가 개인들이나 단체의 집단적 이기주의를 그 국가 사회 조직을 움직이는 원리로 삼고 방치할수록 그 나라 안에는 물 문제뿐이 아닌 다른 많은 갈등이 심화되고 증폭되어 나타날 것이다. 그럴 경우 정부는 국가 차원의 수자원 관련법을 제정 발효시키는 수밖에 없다(기존의 법이 화합과 안정에 바탕을 둔 지속적 성장을 기본 정신으로 하고 있다면 흔들림 없이 그 법을 고수해야 한다).

에콰도르에서 흥미로운 실례를 찾아볼 수 있다. 1994년에 토지 개혁법을 발효시킨 에콰도르는 여러 해 동안 새로운 수자원 관리법을 제정하기 위한 노력을 했다. 그리하여 결국 두 가지 상반되는 법안이 상정되었다. 농업 회의소가 제안한 법안은 수자원이 국가 발전을 위해 최대한 효율적으로 쓰이기 위해서는 소규모 자작농들보다는 대규모 자영농들과 영농 사업체에 우선권을 주어야 한다고 주장하였다. 그것은 결국 수자원을 사유화하자는 주장이나 마찬가지이다. 반면에 에콰도르 원주민들의 연합체인 코네이에 (CONAIE: Ecuadorian Indigenous Nationalities Confederation)가 제안한 법안은 소규모 자작농들의 이익을 대변하고 있는데, 그 법안은 수자원은 공공 자산이기 때문에 국민 전체의 균등한 생활 수준 향상을 도모하는 방식으로 활용되어야 하며, 각 지방 주민들의 식량 사정 안정이 그 어느 것보다 먼저 고려되어야 한다는 입장에서 제안된 것이다.

에콰도르 원주민들은 인간과 자연 그리고 사회를 따로 떼어 생각하는 대신 분리될 수 없는 하나로 보고 있었다. 그들 법안이 추구하는 것은 개인이나 사회의 발전과 전체를 위한 천연 자원의 활용 사이에 균형을 모색하는 것이었다.[41] 누구에게나 소중한 물을 평등하게 나누어 써야 하는데, 물을 쓸 수 있는 권리는 수자원을 보존하려는 의무를 다할 때에만 누릴 수 있다는 의식도 그 법안에는 담겨 있다.[42] 그 같은 사고 방식은 오늘날 전 세계적으로 천연 자원을 지속적이고 안정적으로, 그리고 친환경적으로 개발하는 데 필수

물로 인한 국가 간 대립 현황

강/호수	관련국	갈등의 원인
아시아		
브라마푸트라 갠지즈, 파라카	방글라데시, 인도, 네팔	퇴적 물질, 댐, 홍수, 관개, 국가 간 할당량
메콩	캄보디아, 라오스, 태국, 베트남	홍수, 국가 간 할당량
살윈	티벳, 중국(윈난), 미얀마	퇴적 물질, 홍수
중동		
유프라테스, 티그리스	이라크, 시리아, 터키	국가 간 할당량, 염도
웨스트 뱅크 대수층 요르단, 리타니, 야묵	이스라엘, 요르단, 레바논, 시리아	물길의 변화, 국가 간 할당량
아프리카		
나일	이집트, 에티오피아, 수단	퇴적 물질, 물길의 변화, 홍수, 관개, 국가 간 할당량
챠드 호	나이지리아, 챠드	댐
오카방고	나미비아, 앙골라, 보츠와나	물길의 변화

유럽		
다뉴브	헝가리, 슬로바키아	산업활동으로 인한 오염
엘베	독일, 체코	산업활동으로 인한 오염, 염도
뫼즈, 에스까	벨기에, 네덜란드	산업활동으로 인한 오염
자모스(소메스)	헝가리, 루마니아	국가 간 할당량
타구스	스페인, 포르투갈	국가 간 할당량
미주		
세인트 로렌스 만	캐나다(퀘벡), 미국	수력 이용
콜로라도	미국, 멕시코	화학적 오염, 국가 간 할당량
리오그란데		염도
오대호	캐나다, 미국	오염
라우카	볼리비아, 칠레	댐, 염도
파라냐	아르헨티나, 브라질	댐, 범람
세네파	에콰도르, 페루	국가 간 할당량

✖ 자료 제공 : 월터 H. 코손의 세계 생태계 핸드북

자료에 따르면 세계 214개 수원 가운데 155개 수원을 2개국 이상이 공유하며, 36개 수원을 3개국 이상이, 23개 수원을 4개국 이상 12개국까지 공유한다(나일 : 9개국, 콩고 : 9개국, 메콩 : 6개국, 아마존 : 7개국, 잠베지: 8개국).

적인 기본 정신으로 받아들여지고 있다. 물을 보호하려는 노력 없이는 물을 쓸 수 없다.

나라와 나라 사이의 대립

물을 둘러싼 한 나라 사람들의 대립은 그래도 그 형태나 대립 정도가 거의 비슷비슷하고 해결책도 상대적으로 쉽게 찾을 수 있다. 그러나 나라와 나라 사이의 대립은 심각한 문제가 된다. 우선 그 대립

양상부터 다양(전쟁마저 불사하는 경우도 있다)한데다, 지역적으로나 혹은 국제적으로 정치적, 경제적, 사회적 불안정을 초래하고, 수백만 또는 수억 명의 사람들이 상대편을 적이나 원수로 생각하게 만들기 때문이다.

현재 전 세계적으로 50여 개 지역이 물을 둘러싼 전쟁 상태에 있다. 물론 지금 이 순간 그 모든 지역에서 대포를 쏘고 미사일을 발사해 가며 전투를 하고 있다는 뜻은 아니다. 이 50여 개 지역 가운데 어느 곳에서는 나라와 나라들이 물 때문만은 아닐지라도 어쨌든 전쟁 상태에 있으며(요르단 강과 세네갈 강 지역), 어떤 지역은 이제 비록 무기는 내려놓았다 할지라도 아직 갈등을 해결하지 못하고 있으며(티그리스 강과 유프라테스 강이 관통하여 흐르는 나라들), 또 어떤 지역에서는 물이 나라와 나라 사이에 심각한 정치, 경제적 차이를 초래한다(나일 강과 갠지즈 강)는 의미이다.

다음 표는 현재 물로 인해 대립 상태에 있는 나라들과 그 갈등의 원인들을 보여주고 있다.

세계적으로 많은 언론들이 물로 인한 분쟁을 앞다투어 보도하고 수많은 관련 서적이 간행된 것은 그만큼 물로 인한 대립이 사람들의 관심을 끌고 있다는 이야기이다.[43]

국가 간 대립의 원인 :
수요와 공급의 불균형만으로는 설명할 수 없다.

물로 인한 국가 간 대립의 원인을 수자원에 대한 수요는 늘어나는데 수자원 자체는 줄어들기 때문이라고 설명하는 경우가 많다.[44] 언뜻 듣기에 그럴 듯하게 들린다. 수자원의 양은 줄어드는데다 수질도 악화될 경우 같은 수원을 공유하는 각 나라의 국민들은 얻을 수 있는 물을 더 확보하고 활용하기 위해 서로 싸운다는 주장이다.

물론 수요와 공급의 불균형이 중요한 요인일 수는 있다. 현재 가장 첨예하게 대립하고 있으며 앞으로도 가장 험악한 대립 양상을 보일 것으로 예측되는 지역은 다름 아닌 세계에서 수자원 획득이 가장 어려운 중동 지역이다.

그럼에도 불구하고 수자원의 부족은 국가간의 대립을 설명하는 절반의 이유밖에 되지 못한다. 다음과 같은 요인들이 그 지역 국가들이 대립하는 또 다른 중요한 이유이다.

- 인종적 대립, 인종 차별, 외국인 혐오
- 모든 형태의 민족주의
- 지역의 정치, 경제, 문화적 패권을 장악하려는 투쟁[45]

요르단 강을 둘러싼 아랍국들(시리아, 요르단, 팔레스타인, 레바논)과 이스라엘의 대립은 다른 원인에 의한 대립의 결과일 뿐이지 요르단 강 자체가 대립의 원인은 아니다. 유대교와 회교 사이의 오랜 역사적 반목보다도 더 중요한 이유가 있다. 세계 제2차 대전 전승국들이 유대인들의 주장만을 합법적으로 인정해준 반면(이스라엘 건국으로), 아랍국들 특히 팔레스타인 사람들의 요구는 합법적으로 인정해주지 않은 것이 문제의 발단이다.

그 이후 물은 양쪽의 사이를 악화시키며 계속 긴장 상태를 고조시켰다. 1964년 관련 당사국들이 요르단 강 물의 할당에 관해 합의하였음에도 불구하고, 이스라엘이 자국 내에 거국적으로 수로를 건설하자, 아랍국들은 그 수로를 파괴하려 하였다. 그리하여 1967년 6월에 6일 전쟁이 발발하였다. 그러나 사실 6일 전쟁 때, 물이 전쟁의 도화선은 되었을지언정 아랍국과 이스라엘 간 대립의 진정한 원인은 아니었다. 한 중동 문제 전문가의 지적대로 '물은 아랍국들과 이스라엘 사이의 다양한 대립 양상의 한 국면일 뿐이다.' [46] 이 지역의 물 문제를 푸는 열쇠는 물이 아니라, 관련국의 정치 지도자들이 다른 나라 사람들도 생존하고 발전할 권리가 있다는 사실을 인정함으로써 수십 년에 걸친 대립을 끝내려는 의지를 갖느냐 아니냐 하는 데에 달려 있다.

전 유엔 사무총장을 지낸 이집트 출신의 부트로스 부트로스 갈리는 이미 1974년이라는 이른 시기에 만일 앞으로 또다시 세계 대전이 일어난다면 그것은 물 문제로 인해 발생할 것이라는 말을 한 적이 있다. 그러나 그 같은 예상에는 물 문제를 과장한 측면이 있다. 만일 세계 대전이라는 끔찍한 일이 일어난다면 그것은 정치, 경제, 종교 등 각계의 지도자들이 자신들에게 맡겨진 책무를 완전히 내팽개칠 때일 것이다. 물의 부족이 세계 대전의 원인이 된다는 것은 생각할 수 없다.

오랜 기간 동안 터키, 이라크, 시리아, 이란의 관계를 악화시켜 온 티그리스, 유프라테스 강 주변의 대립 상황도 아랍국들과 이스라엘의 요르단 강을 둘러싼 대립과 같은 시각에서 이해할 수 있다. 두 강의 상류에 자리 잡은 터키(유프라테스 강의 90%가 터키에서 발원한다)와 시리아가 1960년대에 관개와 수력 발전을 목적으로 많은 댐을 건설하겠다는 계획을(터키에만 13개) 발표하였는데, 그 계획은 지역의 경제와 인접국가 간 힘의 균형에 큰 변화를 몰고 올 터였다. 그 이후 이 지역의 대립이 격화되었다. 1974년 이라크가 시리아의 타브가 댐을 공습하겠다고 위협하며 국경 쪽으로 이라크 군사력을 집결시켰고, 또 1975년에도 비슷한 위협을 가하면서 이 지역의 긴장은 극도로 고조되었다.

1987년 터키가 인접국들에게 '평화의 수로'를 함께 건설하여 유프라테스 강의 물을 공급하겠다고 제안하였을 때 관련 아랍국들은 모두 반대하였다. 막대한 건설 비용도 문제였지만, 정작 그들이 두려워했던 것은 터키가 물 공급에 대한 통제권을 장악하게 되는 것이었다. 그들은 아직도 그것을 겁내고 있다. 1990년 유프라테스 강에 아타터크 댐이 완공되면서 다시 긴장이 감돌았다. 이 댐의 완공으로 터키는 유프라테스 강의 수위를 조절할 수 있게 되었다. 실제로 터키는 터키 남부의 쿠르드족 독립 투쟁을 지지하는 시리아에게 쿠르드 반군에 대한 지지를 중단하지 않는다면 유프라테스 강의 수위를 낮추겠다고 위협을 하였다.

현재 관련 당사국들 사이에 대화를 통한 미미한 성과가 있는 것처럼 보이지만 근본적인 대립의 불씨는 그대로 남아 있다. 터키는 다른 나라들이 오랜 세월 노력하여 마련한 수자원에 관한 2가지 국제규약에 서명하려 하지 않고 있다. 비항해 수로 이용에 관한 국제규약(Convention on the Use of International Watercourses for Non-Navigational Purposes)과 다국 통과 수로와 접경지 호수 보호를 위한 규약(Convention on the Protection and Use of Transborder Watercourses and International Lakes)에 서명을 거부하고 있는 것이다.

이란과 이라크의 대립(샤 알 아랍의 통제권을 확보하기 위한 1980년부터 1984년까지의 전쟁을 포함해), 이라크와 시리아의 대립, 터키와 이란의 대립, 터키와 이라크의 대립, 터키와 시리아의 대립은 정치 지도자들 모두가 이 지역의 패권이나 주도권을 장악하려는 의지를 버리지 않는 한 해결되지 않을 것이다. 그것이 이 지역 갈등의 주원인이다. 한 나라도 예외 없이 모두 자기 나라가 이 지역의 정치적 패권을 장악할 수 있다고 생각하면서, 다른 나라가 더 많은 힘을 보유하는 일은 무슨 대가를 치르더라도 막으려는 것이다. 이 일에 대해 쟈크 시로노는 '샤트 알 아랍을 획득하기 위한 이란과 이라크의 대립은 두 나라 모두가 이 지역의 주도권을 쥐기 위해 다투는 것이다'라고 예리한 비평을 한 바 있다.[47]

1995년 에콰도르와 페루는 세네파 강 수원에 대한 지배권을 놓고 무력 충돌을 빚어 50명이 넘는 사망자를 냈다. 그러나 이 충돌은 사실 물로 인한 것이 아니었다. 상당량의 광물이 매장되어 있는 것으로 추정되는 한 지역을 서로 차지하려는 욕심이 그 원인이었다. 그 지역에 대한 소유권은 세네파 강 수원 유역을 누가 소유하느냐에 따라 달라지는 상황이었기 때문이다.

이 사건이나 앞서 소개한 물로 인한 다른 지역의 대립에서 보듯이 군사적, 경제적, 민족적, 종교적 이해 관계를 대변하여 갈등과 지배의 역학을 강조하며 특정 자원에 대한 배타적 통제권을 확보하려는 사회적 집단이 바로 전쟁 제왕의 정체이다.

강물이나 호수로 인한 국가 간 갈등의 경우 대부분 상류에 위치한 나라들이 전쟁 제왕의 모습을 띤다. 그들은 자국 영토에 대한 양도할 수 없는 통치권을 근거로 자국 영토 안에 있는 수자원은 (지표수가 되었든 지하수가 되었든) 자기들이 원하는 대로 사용할 수 있다고 주장한다. 그러나 하류에 있는 나라들의 주장은 다르다. 예를 들어, 에티오피아나 수단과 비교할 때 나일강 하류에 자리 잡은 이집트는 강이 관통해서 흐르는 나라들은 나일 강 물에 대해 모두 공유할 권리가 있으며, 비록 발원지가 다른 나라에 있다고 해도 강의 자연스러운 흐름이나, 수량 등에 대한 인위적 조절이나 통제 없이 모든 나라가 그 강의 흐름에 의해 수자원을 활용할 수 있어야 한다고 주장한다.

이렇게 상반된 생각을 갖고 있으니 갈등과 대립은 피할 길이 없다. 다행히 수자원 활용에 대한 다른 원칙들이 개발되고, 또 실제 적용되고 있는데 그런 원칙들을 보면 다음과 같다. *'제한적, 상대적*

*영토권의 원칙'*은 한 나라의 수자원 활용이 다른 나라에 피해를 초래하지 않는 한도에서만 그 나라 영토 안의 수자원에 대한 소유권과 지배권을 인정하는 것이다. *'공동 이익의 원칙'*은 어떤 나라도 협조에 바탕을 둔 공용 수원 관리에 대하여 다른 나라와 협의하지 않고는 자국 영토 내의 수자원도 임의로 활용할 수 없다는 원칙이다. *'평등과 합리의 원칙'*은 공동 수원의 수자원을 활용하는 나라들은 모두 공평하고 합리적으로 소유권과 통제권을 나누어 가져야 한다는 원칙이다.

모든 나라들이 이 원칙들을 글자 그대로 준수한다면 전쟁 제왕들은 설 자리가 없을 것이다. 특히 뒤의 2가지 원칙은 상당한 실효를 거두어 적지 않은 대립을 끝내는 데 기여하였다.

한 나라 안의 물로 인한 대립을 원만하게 해결한 벨기에, 스위스, 프랑스에서는 여러 가지 형태의 강물 수자원 활용에 관한 협약을 쉽게 찾아 볼 수 있다. 그런 협약들은 지역 주민, 산업체, 공공기관, 관광 부문, 기타 단체 등 관련 당사자들 모두가 합의하여 전체의 이익을 위한 장기적 강물 수자원 활용 관리 계획을 도출해냈다. 그 같은 협약들은 몇 가지 중요한 의미를 담고 있다. 우선 수자원 관리 체계가 지역이나 중앙 정부, 혹은 민간 기업 등 어느 한 쪽의 독단에 치우칠 수 없는 체계라는 점이다. 또 관련 당사자 모두를 만족시키기 위하여 공공성, 경제성, 사회성, 친환경성 등을 똑같은 비중으로 고려하여 해결책을 모색하였다는 것이다.

물로 인한 국가 간 대립의 성공적인 해결 사례로는 비록 국가는 아니지만 미국 서부의 몇 개 주 사이의 물 분쟁 해소를 들 수 있다. 제1장에서 살펴본 대로 캘리포니아, 애리조나, 콜로라도 주는 '평등과 합리의 원칙'에 의해 물로 인한 대립을 끝냈다. 일시적이기는 하지만 인도와 파키스탄 사이의 인더스 강 수자원에 관한 합의도 같은 원칙에 의해 이루어졌었다. 1947년 인도 대륙의 인위적 분할이 이루어지면서 인더스 강의 수자원 분할도 뒤따랐는데, 그들을 어떤 식으로 수자원을 할당할 것인지 구체적인 계획도 없이 그때까지 오랜 세월 지속되었던 관개 용수 사용 방식을 폐기해 버렸다. 인더스 강 수자원 분할에 따라 인도는 파키스탄의 관개 용수 공급을 좌지우지할 수 있는 입장에 놓이게 되었다. 그리고 1948년 실제로 물길을 돌려버리고 말았다. 파키스탄의 거센 항의로 인해 인도는 일단 다시 물길을 열어 주기는 하였다.

양국은 1952년 이 문제에 대한 합의점을 찾기 위해 대화를 시작하였다. 그러나 양국 사이에 팽배해 있는 적의로 인해 양쪽 모두의 이익을 도모할 수 있는 합의점을 찾는 데 실패하였다. 인더스 강 수원 분할은 다시 인도에게 유리한 쪽으로 끝났고, 파키스탄은 그 대가로 파키스탄에 할애된 인더스 강 지류로부터 관개 용수를 끌어들일 수로를 건설하는 데 드는 공사비 보상과, 파키스탄에 지속적이고 안정적으로 수자원을 공급할 댐을 국제 컨소시엄으로 건설해준다는 약속을 받았다. 그러나 인도와 파키스탄의 끊임없는 대립은, 주로 캐쉬미르 지방에 대한 소유권 주장(결국 최근에 분할되었다)과 불과 몇 개월 사이에 수 차례씩 실시하는 핵실험이 그 주원인이기는 하지만, 악화일로를 치닫다가 결국 1998년 8월의 무력 충돌로 이어졌다. 물을 구실 삼은 분쟁이 다시 시작된 것이다.

물의 상품화로 인한 긴장 악화의 위험

인도와 파키스탄의 예에서 보듯이 물 자체는 대립의 근본적 원인도 아니고, 물 문제 해결이 대립을 끝내지도 못한다. 또한 '공동 이익' 을 위한, 그리고 '평등하고 합리적인' 수자원 활용에는 많은 제약이 따른다는 사실도 알 수 있다. 사실 이 2가지 원칙은 화합을 가로막는 논리들에 맞설 수 있을 만큼 단단히 뿌리를 내리지 못하고 있다. 앞으로 20년에서 25년 사이에 세계의 인구가 팽창하고, 기술과 자본에서 남들보다 앞서는 세력들이 세계 시장을 지배하고 지역과 국제적 경제 지배력을 확보하려고 치열하게 경쟁하게 될 것이므로, 화합을 가로막는 논리들은 더욱 힘을 얻을 전망이다.

앞으로 10년 후면 인도는 현재에 비해 2억 5천만 명의 인구를 더 보유하게 될 것이고, 파키스탄의 인구는 1994년 통계 1억 2천8백만 명에서 2억 1천만 명으로 늘어날 것이다. 터키는 8천만 명, 에티오피아는 8천 5백만 명, 이집트는 8천2백만 명의 인구를 각각 보유할 것이다. 여기에 경쟁의 논리와 이익 지상주의, 그리고 거대 자본과 산업력으로 세계 제국을 꿈꾸는 초국적 기업들의 탄생은 천연 자원을 통제하려는 국가들 사이의 경제적, 지정학적 대립을 더욱 격화시킬 것이다.

그렇게 되면 '공동 이익' 이라는 명분이 생명력을 지닐 수 있을까? '평등과 화합' 이라는 원칙이 얼마나 버텨낼 수 있을까? 이 두 원칙은 힘 한 번 제대로 써보지 못하고 무너져 전쟁 제왕들로 하여금 아무 장애 없이 자신들의 권력을 휘두르게 하지 않을까? 그럴 경우 물 전쟁은 격화되고 늘어날 것이다.

게다가 자본 제왕, 그리고 기술 제왕의 세력도 약화될 전망은 보이지 않는다. 물과 관련된 갈등을 해결하는 데는 경제적 논리가 적용되어야 하며, 수요와 공급의 원리를 따르는 시장이 마련되어야 한다는 주장을 점점 더 자주 듣게 된다. 그렇게 되면 기술은 기술·상업적 혁신에 의해 전대미문의 힘있는 자리를 얻게 될 것이다.

저널리스트 장 폴 베세는 〈르 몽드〉지에 '물 : 전쟁인가 시시장인가' 라는 제목의 기사를 써서 현 시대의 흐름을 잘 보여주고 있다. 그러나 안타까운 것은 그가 2가지 모두 우리가 추구할 길은 아니라고 말하는 대신, 자본 제왕들의 편을 들어 물 문제에 대한 유일한 해결책은 시장이라고 말한 점이다.

자본 제왕

선진국의 지배층들 사이에 서서히 그리고 확실히 퍼져나가고 있으며 일반 대중들에게도 공감을 얻어 가는 논리가 하나 있는데, 이는 매우 단순하고 현실적인 논리이다. 그렇지만 그 논리는 지지자들의 주장처럼 그렇게 과학적이지도 않으며 충분한 경험적 사례도 없다.

그들의 논리는 어떤 것인가?

• 수자원 활용과 관리에서 보이는 엄청난 낭비는 주로 인류 사회가 지금까지 물을 상품으로 보는 대신 공공 자산으로 인식한 데서 기인한다. 이 같은 인식이 물값을 싸게 유지해왔으며 아무 생각 없이 물을 낭비하고 물을 비효율적으로 이용하게 하였다. 특히 영농을 위한 관개 용수와(이미 밝힌 대로 전 세계 물 사용량의 70%를 차지한다) 가정 용수에서 그런 현상이 두드러진다. 이제 더 이상 물이 무진장한 것이라고 생각해서는 안 된다고 세계은행의 이스마엘 세라젤딘 총재는 말한다. 세계적 권위를 인정받는 미국의 국제 식량정책 연구소의 마크 로즈그랜트도 비슷한 생각을 이렇게 표현하고 있다. "물은 거저나 마찬가지라는 생각을 이제는 버려야 합니다."

• 이제 인류는 더 이상 물이 무진장한 세상에 사는 것이 아니다. 그런 시대는 끝났다. 물을 얻는 일이 쉽지 않아 이제 '물의 위기'라고 부를 정도가 되었으며, 자칫 인류 전체가 물 부족으로 어려움을 겪을 정도가 되었다. 일인당 얻어 쓸 수 있는 물은 해마다 줄어드는데 물을 찾는 사람은 점점 늘어나는 그런 시대에 우리는 살고 있다. 그런 사실이 물 전쟁의 근본적 원인이며, 앞으로 물 전쟁을 피하려면 물의 희소성을 현실적으로 반영한 수준으로 물값을 올려야 한다. 물이 비싸질수록 물을 덜 쓸 것이기 때문에 시장의 원리에 따라 현실적인 물값이 정해지면 물의 효율적 관리가 가능해질 것이다. 전 세계적으로 물을 현금화할 수 있는 상품으로 취급하는 것이 물 전쟁을 방지

하는 최선의 대비책이 될 것이다. 물이 일단 경제적 자산으로 이해 되면 평화를 촉진하는 요인으로 작용할 것이다. 시장 가격이 물의 수급 과정에서 평화를 가져올 것이다.

- 물의 시장화는 물의 효율적인 유통과 활용을 촉진할 것이다. 필요한 제도적 장치만 마련된다면(시장의 명확한 규정과 재산권의 보장 등), 물의 시장은 개인이나 국가 모두에게 새로이 수자원을 개발하고, 거래하고, 활용할 기회를 풍부히 제공하여 전 세계 모두의 이익에 기여할 것이다.

- 이념 논쟁을 싫어한다고 하면서도 시대 사조에 쉽게 편승하는 사람들은 중앙 정부나 지방 정부, 혹은 또 다른 형태의 공공 기관이 수자원의 소유권을 갖고, 인프라를 구축하고, 관리하고, 공급하고, 정화하는 등의 일을 하는 것보다는 민간 기업이 그런 일을 담당할 때 효율성과 경제성이 더 높아져 모두에게 득이 된다고 주장한다. 공공부문(중앙 정부가 되었든, 지방 정부가 되었든)은 관료주의, 비효율, 경직성, 무사 안일, 독단의 대명사이며, 민간 부문은 효율, 이익, 유연성, 평등의 대명사라고 생각한다. 마닐라, 부에노스 아이레스, 하노이, 멕시코 시티처럼 물에 대한 수요가 많은 곳에서 안정적으로 물을 공급하는 데 무능력함을 드러낸 공공 기관보다는 민간 기업이 더 많은 사람들에게 물을 공급하는 일을 해낼 것이라고 말한다. 세라젤딘은 1995년에 이렇게 말했다. "현재로서는 효율적 체제를 갖춘 민간 기업에 그런 일을 맡기는 것이 가난한 사람들에게 가장 합리적인 가격으로 최고 수준의 물 서비스를 제공하는 길입니다."

지금까지 살펴보았듯이 위의 논리들은 단순 명료하고 현실적이어서 설득력이 있어 보인다. 결국 이런 논리로 영국의 대처 정권은 1989년 상수도 사업을 민영화 하였다. 1997년 정권을 잡은 노동당도 과거로 돌아갈 생각은 전혀 하지 않는다. 토니 블레어 총리는 물을 다시 국유화 하거나 사회화 할 생각이 전혀 없다.

위의 논리들에는 상당한 문제점이 내포되어 있는데, 이제 그에 대해 알아보자.

물 부족과 비효율적 관리의 주요 요인

물 부족은 정말로 물이 경제적 자산으로 인식되지 않기 때문에 발생한 것인가? 인위적으로 물값을 낮게 책정하고 유지하여 왔기 때문에 지난 50여 년 동안 물이 낭비되고 효율적으로 관리되지 못했다는 주장인데, 이는 진실과는 거리가 너무 멀다. 지난 10여 년 동안 세계 어느 곳에서나 물값은 올랐지만(세계의 많은 도시들의 물값은 가구 당 평균 소득의 8~9% 정도이다), 물 낭비는 줄지 않았다. 게다가 물 낭비와 비효율적 관리의 주요 요인은 이런 것들이다.

- 과도한 농업용수 사용
- 산업 공해
- 통합된 세계적 수자원 관리 계획과 운영을 위한 장기적 목표가 없는 데다가 이익과 투자라는 면에서 이해 관계가 달라 효율적이고 일관성 있는 조치를 실행하지 못한다.

인도에서 3가지 사례를 취하여 살펴보겠지만 비슷한 일이 다른 나라 다른 지역에서도 빈번하게 일어나고 있다. 첫 번째 예는 인도 몇몇 지방의 지하 수자원이 처참한 단계에 이른 현상이다. 인도에서 사용하는 전체 수자원 가운데 90%가 농업용 관개 용수와 농촌 지역 가정 용수로 쓰인다. 1960년대 이후 집약적 농업으로 인해 지하수 개발, 활용이 그 어느 때보다 많아졌다. 한편 비료와 농약의 사용으로 많은 지역의 수자원이 오염되었다. 거기에 더하여 도시의 비대화가 급격히 진행되었다. '목이 타는' 도시라고 알려진 조드파의 물 사정은 설명이 어려울 정도로 악화되어 인도의 국정 교과서에 그 참상이 실릴 정도였다.

농업 혁명으로 인도 각 지방의 물 수요에 커다란 변화가 생겼는데, 이런 변화가 과거에는 그런대로 쉽게 물을 얻을 수 있었던 사막지역에까지 일어나고 있다. 시장 경쟁에서 살아 남기 위해 농부들은 전처럼 물을 적게 필요로 하는 작물 대신, 부가 가치는 높지만 많은 물을 써야 하는 그런 작물들을 재배하였다. 저렴한 물값이 물을 낭비하는 요인으로 작용한 것이 아니었다. 전 세계적으로 일고 있는 농업의 변화와 정치, 경제적 흐름이 인도의 특수 상황을 고려하지 않은 농업 혁명 바람을 몰고 왔고 그로 인해 물 낭비가 생겼던 것이다.[49]

두 번째 예는 델리 시의 주요 수자원 공급원인 야무나 강이 회복 불능 상태로 오염된 일이다. 그 동안 온갖 폐기물이 방류되어 그런 지경이 되었다. 야무나 강의 오염 실태를 조사한 어느 인도인 환경 전문가에 따르면, 야무나 강의 오염은 지난 40년 동안 야무나 강 주위에 건설된 도로들과 공장들 때문이라고 한다. 강을 살리기 위한 많은 계획들이 마련되고 적지 않은 예산이 투입되었지만 별 소용이 없었다. 야무나 강은 도시 인근 환경의 일부분인 수자원 관리가 제대로 이루어지지 않은 대표적 사례인데 당연히 델리 시 공직자들의 책임이 가장 크다고 할 수 있다.[50]

세 번째 예는 다모다르 강인데 현재 조사된 바로는 인도에서 가장 오염 정도가 심한 강이다. 강변 양쪽의 중공업 공장들이 오염의 주범이다.[51] 물값을 올렸다 하더라도 다모다르 강변에 공장들이 들어서는 것을 막을 수는 없었을 것이다. 최소한 몇 년 전쯤 환경을 덜 파괴하는 공정을 모색하는 노력을 할 수는 있었을 것이다. 그러나 사업가, 정치인, 일반인 모두가 친환경적 기술에 대한 지식도 이해도 없었기에 그런 노력을 기울이지 못했다.[52]

위의 3가지 사례가 특정 지역의 드문 예를 지나치게 일반화하여 말하는 것이라고 생각할 수도 있을 것이다. 그렇다면 일반적인 수질 오염에 대해 알아보자. 수질 오염은 1960년대 초반 이후 선진국과 후진국 어디에서나 물 위기의 중요한 이유로 부각되고 있다. 대부분의 선진국들에서는 오염을 방지하기 위한 프로그램을 거국적으로 시행하여 유기 물질을 포함하고 있는 생활 하수와 공장 폐수로 인한 수질 오염을 상당히 억제하고 완화시켜 왔다. 그러나 이제 유해 중금속 성분과 급성 또는 만성 독성 물질을 내는 유기 화합물로 인한 화학적 오염이 심각한 문제로 대두되었다.

    도시 생활 쓰레기와 산업 폐기물로 인한 화학적 오염은 점점 널리 확산되어 가고 있는데 지표수는 말할 것도 없고 지하수까지 오염시키고 있다. 현재 전 세계 어디에서나 지표수 오염은 심각한 수준에 달해 있다. 예를 들어, 프랑스의 경우 1990년대 중반 하루에 쏟아져 나오는 도시 생활 쓰레기와 산업 폐기물은 산화물질을 기준으로 할 때 하루 8,800 톤에 달하였다. 북미 오대호의 오염도 심각하여 온태리오 호수와 에리 호수는 원상 회복이 불가능한 상태에 이르렀다. 미국 환경청이 1980년대 초반에 발표한 자료에 따르면 유독성 화학 물질을 포함한 산업 폐기물을 내다 버리는 쓰레기 적치장 10만 군데 가운데 2천 군데가 직접적으로 지하수를 오염시키고 있다고 한다.[53]

    '오염 유발자가 오염 처리 비용을 부담' 한다는 원칙이 실행되어 농업 용수와 산업 용수로 물을 쓰는 사람들이(선진국에서는 전체 수자원 사용량의 90%, 후진국에서는 95~96%) 인상된 물값을 부담하기는 하였지만 오염 정도를 현저하게 줄이지는 못했다. 더욱 우려할 만한 상황은 1980년대 중반 이 원칙이 실행되면서 선진국의 공해 유발 산업체들이 후진국으로 생산 설비를 옮기거나 공해물질 자체를 수출하는 현상이다. 그런데 그런 오염물질을 받아들이는 후진국들에게 그들이 지불하는 비용이라는 것은 매우 한심한 수준이다.

물은 단순한 '경제적 자산'이 아니며 절대
석유의 전철을 밟아서는 안 된다.

물을 경제적 자산이나 현금화 할 수 있는 자원으로 보아야 하며, 물을 시장의 원리에 맡길 때 물 부족과 물로 인한 국가 간 대립을 해결할 수 있다는 주장은 현실을 지나치게 단순화시킨 것이다. 물의 여러 가지 성격이나 가치 가운데 다른 것은 모두 무시하고 오직 경제적 가치만을 강조하는 지극히 이론적인 주장이다. 이론적이기만 한 이 같은 주장의 저변에는 유형, 무형의 자원과 그런 자원들에서 생성된 부를 가장 잘 분배하기 위해서는 정치적 규제나 사람들 사이의 협력, 화합 같은 수단에 맡기기보다는 시장의 원리에 맡겨야 한다는 믿음이 깔려 있다.

사람에 따라 이처럼 순수 이론적인 주장을 받아들일 수도 있고 받아들이지 않을 수도 있다. 그러나 이 주장을 지지하는 사람들이라고 해도(그들이 현실을 무시하지 않는 한) 지구라는 생태 환경 속에서 공기를 제외하고 물과 같은 속성을 지닌 생명의 원천이 존재하지 않는다는 사실을 부인할 수는 없을 것이다. 즉, 물은 자원이기는 해도 여느 자원들과는 아주 다르다. 개인적으로나 전체적으로나 살기 위해서는 반드시 얻어 써야 하는 것이다.

물의 여러 가지 속성 가운데 가장 두드러진 속성은 대체가 불가능하다는 점이다. 석유는 석탄을 대체할 수 있다. 석유 역시 원자력으로 대체할 수 있다. 쌀이 없으면 밀을 먹으면 되고, 비행기를 타기 싫으면 기차를 탈 수 있다. 화폐 경제가 싫다면 비화폐 경제를

운용할 수 있다. 그러나 물을 다른 무엇으로 대체하고는 살아 남을
수 없다.

　　시장이라는 구조가 정상적으로 돌아가기 위해서는 반드시
생산 요소와 재화, 그리고 서비스의 대체가 가능해야 한다. 대체가
가능한 재화와 서비스들의 상대적 가격을 비교하여 구매 행동을 할
수 있는 기본 장치가 마련되어 있어야 시장이 기능을 발휘하는 것
이다. 같은 종류나 또는 성격이 다른 어떤 재화들을 구매할 때 가격
과 수량이라는 비교 기준에 의거하여 구매 의사 결정을 할 수 있어
야만 시장이라고 할 수 있다. 바로 이 때문에 소비자와 생산자는 자
유 의지대로 선택할 수 있다. 그러나 물을 얻어 쓰는 일은 선택의
문제가 아니다. 물은 누구에게나 필요하다. 그 어느 것도 물을 대체
할 수 없다는 사실이 물을 단순히 규제나 법의 제정, 과감한 시도
등으로 다룰 수 없는 생존 자산이 되게 한다. 물은 사회 전체가 함
께 다루어야 한다. 물은 어떤 인간 공동체에나 필수적인 보편재이
며 사회적 자산인 것이다.

　　물은 공동의 천연 자원이라는 의식이 최근 들어 '자연 수문
학적 공동체(natural hydrological unity)' 라는 개념에 반영되었는데, 그
개념은 전체를 위한 수자원 정책의 입안과 실행에 밑거름이 되고
있다.

　　어떤 사회적 자산의 양이 한정되어 있다고 해서, 사회에 의
한 통합 관리를 포기한 채, 다른 모든 요소는 무시하고 오로지 자본
주의 시장 경제의 가격 요소만을 고려하여 무엇으로도 대체할 수

생 명 을   지 키 기   위 한   물   선 언

THE
WATER

물은
상품이
아니다

물의 여러 가지 속성 가운데 가장 두드러진 속성은

대체가 불가능하다는 점이다.

석유는 석탄을 대체할 수 있다.

석유 역시 원자력으로 대체할 수 있다.

쌀이 없으면 밀을 먹으면 되고,

비행기를 타기 싫으면 기차를 탈 수 있다.

화폐 경제가 싫다면 비화폐 경제를 운용할 수 있다. 그러나

물을 다른 무엇으로 대체하고는 살아 남을 수 없다.

이것이 바로 물에 시장 원리를 적용할 수 없는 이유이다

없는 사회적 자산의 소유, 확보, 관리의 권한을 민간 기업에 넘겨야 한다는 주장은 도저히 정당화 될 수 없다. 물을 석유처럼 상품으로 변질시키려는 시도는 현재 권력을 쥐고 있는 지배계층들의 경제 지상주의에 의한 음모에 불과하다. 그들은 모든 것을 상품화 하고 모든 가치를 시장의 교환 가치로 환산한다.

사업을 하는 사람들은 무슨 일이든 돈이면 다 해결할 수 있다고 굳게 믿는다. 그런데 경제학자들이 신봉하는 그 못지않은 미신이 있다. 즉, 모든 경제 현상은 '수요와 공급의 원리' 를 벗어나지 않으며 물도 예외 없이 수요와 공급의 원리에 따라 최적 균형을 찾을 것이라는 생각이다. 물 부족 현상을 피상적으로 어설프게 이해하고 있기 때문에 그들은 이 같은 주장을 한다. 그들은 물 부족은 근본적으로 개선할 수 없으며 기껏 할 수 있는 것이라고는 부족한 상태의 물을 잘 관리하고 조절하는 정도라고 생각하는 것처럼 보인다.

달리 말해서 가격과 시장이라는 장치를 통해 개개인 모두와 모든 공동체가 물을 얻어 쓰게 하려는 대신, 자원의 자연스런 재활용, 재획득을 통해 결과적으로 새롭게 물을 길어 쓰는 지혜와 노력은 포기하고 물 부족을 효과적으로 관리나 하겠다는 것이다. 물을 경제적 자산으로 변질시키면 세계의 모든 인류가 물을 얻어 쓸 수 있는 길은 멀어지고, 유한한 자원을 '경제성을 고려한 합리적인 관리' 를 한다는 미명 아래 구매력이 있는 사람만이 물을 얻어 쓸 수 있는 살벌한 경쟁의 대상물로 타락시키고 말 것이다.

물을 얻어 쓰고, 보존하기 위한 비용을 부담하고 수질을 보호하는 데 수반되는 책임은 개인만이 떠맡아야 하는 것이 아니고 개인과 집단 모두의 권리이자 의무이다.

이와 같은 사실은 우리에게 물은 선택의 문제가 아니라는 점을 다시 한 번 상기시킨다. 물과 관련해 선택의 여지가 있다면 그것은 물을 얻어 쓰는 방식의 선택일 뿐이다. 지표수를 쓸 것인가, 지하수를 쓸 것인가, 물의 공급을 미룰 것인가, 즉시 공급할 것인가, 농업 용수로 쓸 것인가, 산업 용수로 쓸 것인가, 아니면 생활 용수로 쓸 것인가, 수돗물을 마실 것인가, 생수를 사 마실 것인가 등의 선택일 뿐이다. 개인과 공동체 모두의 생존에 필수적인 물을 얻어 쓸 수 있게 하는 일은 인류 사회가 어떤 대가를 치르더라도 완수해야 하는 가장 중요한 의무이다. 인간의 창의성, 지혜, 기술은 그 과정에서 인력, 사회적, 경제적, 환경적 비용 등을 절감할 수 있는 토대가 될 것이다.

물을 소비하고 보호하고 보존하는 데는 여러 가지 비용이 든다. 인력, 경제적, 사회적, 정치적, 개인적, 집단적 비용이 소요된다. 이런 비용들은 서로 상쇄할 수 있는 것도 아니고(오히려 상호 의존적이다), 대체할 수 있는 것도 아니다. 효율적이고 안정적이며 지속적이고 모두가 동참하는 수자원 관리는 모든 비용을 함께 고려하는 데서 시작되어야 한다. 모두가 기본적 욕구인 물을 최소한이나마 얻어 쓰도록 하기 위해 취수하고, 정수하고, 보유하고, 공급하고, 활용하고, 재활용하는 데 드는 모든 비용을 모든 사회 전체가 함께 부담해야 한다는 것이다.

최소한의 물을 얻어 쓸 수 있게 한다는 의미는 모든 인간이 개인으로서(그리고 가족으로서) 생존하기 위해 필요로 하는 최저 수질의 물을 최소량만큼이라도 얻어 쓸 수 있도록 한다는 뜻이다. 마찬가지로 모든 인간 공동체가 최소한의 물을 얻어 쓸 수 있어야 한다는 말도 공동체의 생존에 필요하고, 그 구성원들의 기본적인 경제, 사회적 복지를 보장할 수 있는 최저 수질의 물을 최소량만큼 이라도 얻어 쓸 수 있도록 한다는 뜻으로 이해해야 한다.

다른 광물 자원이나 에너지 자원과는 달리 최소한의 물을 얻 어 쓸 수 있는 권리는 모든 개인과 공동체의 생물학적, 경제적, 사 회적 안정과 직결되므로 개인과 공동체 모두에게 정치적, 경제적, 사회적 기본권의 하나가 된다.

현대의 민주주의 국가들이 사람을 사고 파는 행위를 법으로 금지하고 있듯이, 최소한의 물을 얻어 쓸 권리는 결코 매매의 대상 이 될 수 없으며, 증권 시장에 상장해서도 안 되며, 거래하고 교환 해서도 안 된다.[54] 그럼에도 불구하고 최근 식물, 동물, 인간 유전 자 등에 대해서 특허권을 인정하는 추세가 나타나고 있는데(미국에 서는 1995년부터, 유럽 연합에서는 1998년 5월 12일 이후-), 이런 추세는 인간의 사유화와 생명체의 상품화를 초래하고 있다.

최소한의 물을 안정적으로 얻어 쓸 수 있는지 여부는 인간의 건강에 결정적 영향을 미친다. 빈곤국 국민들이 앓는 질병의 85% 가 수질이 좋지 않은 물과 물 부족으로 인한 것이다. 건강의 유지는 단지 개인이 자신의 건강을 돌보는 노력에만 달려 있는 것이 아니 다. 그것은 모두가 하나 되어 신경 써야 할 의무이다. 그런 까닭에

도시나 시골에 물을 공급하기 위한 인프라를 계획하고, 구축하고, 유지하고, 개선하는 데 드는 비용을 가격 경쟁의 원리에 따라 개인에게 전가하는 일이 있어서는 안 된다. 인간 생존에 필요한 기본적인 자원들을 생산하고, 유통하고, 사용하는 과정에서는 외적으로 보아 생산적인 비용과 소모적인 비용이 함께 소요된다. 이 비용들은 사회적, 집단적 비용이다.

19세기 초에 미국과 유럽의 도시들이 상수도 사업을 민영화하였을 때(급격히 산업화가 이루어지면서 도시 지역과 국가 차원의 자본주의가 절정에 달한 시기이다), 사업권을 받았던 개인이나 업체들이 사업권을 다시 국가에 반납한 것은 그만한 이유가 있어서였나. 민간 부문과 시장은 자신들의 영향력 밖에 있는 부분을 통제할 수 없었기 때문이다. 물의 경우는 특히 외적으로 소모적인 비용이 엄청나게 소요되는데, 이런 비용은 지역과 세계, 그리고 지구 생태계의 이익 도모라는 차원에서만 비용 사용의 의미를 찾을 수 있다.

물의 '획득=안전=건강'이라는 방정식을 푸는 책임은 모두의 것이어야만 한다. 모든 인간 사회는 지구의 안전을 위해서도 그런 의식을 갖고 실천해야 한다. 이런 책임을 민주적, 자발적으로 떠맡는 것은 공존을 위해 필요하고 당연하다. 그것은 인간 모두가 크게든 작게든 같은 공동체의 구성원이라는 소속감을 느끼게 하면서, 화합에 바탕을 둔 지속적이고 안정적인 수자원 공급의 실행을 가능하게 할 것이다.

효율적인 수자원 관리를 위해서 물을 쓰는 사람이 비용을 부담하게 해야 한다는 논리는 전반적으로 많은 문제점을 내포하고 있다. 미국에서는 이 논리를 의료에까지 적용하였다. 재화와 용역의 수급을 시장 원리에 맡기듯 국민 건강을 시장의 원리에 맡긴 것이다. 그 결과는 어떤가? 1998년 1월, 미국 언론들이 밝힌 바에 따르면, 1997년 한 해 동안 2억 8천만 명의 전체 미국인 가운데 4천 1백만 명이 의료 혜택을 받지 못하였다고 한다. 세계 경제와 금융을 좌우하며 최대의 군사력을 지닌 초강대국 미국의 실상이 그러하다.

그렇다면 물의 '획득=안전=건강'의 관계에서 비용을 부담하고 혜택을 누리는 원칙은 어떤 것이어야 하는가? 원칙을 선택하고 평가하는 기준은 어떤 것이어야 하는가?

다음 장에서 알아보겠지만 화합의 바탕에서 통합된 노력을 통하여 효율적으로, 그리고 지속적이며 안정적으로 물을 공급할 수 있도록 하는 해결책은 물이 인류 공동의 유산으로서 지역적으로 나누어져 존재한다는 의식을 갖고, 필요한 비용을 파악하고 나누어 떠맡는 자세에서부터 마련될 것이다.

수자원의 상품화와 소유 및 관리권의 사유화가 지지를 받는 이유

지금까지 살펴본 대로 많은 문제를 안고 있는 논리인데도 불구하고, 물의 상품화와 통제권의 사유화가 많은 지지를 받는, 특히 (참으로 모순되어 보이지만) 남미, 아프리카, 아시아, 그리고 과거 소련의 사회주의 체제 하에 있던 나라들에서 더욱 지지를 받는 이유는 무엇인가? 답하기 쉽지 않은 문제이다. 그러나 '자본 제왕'의 영향력이 가장 분명하게 드러나는 부분이 바로 이 부분이다.

개략적으로 보아 3가지 이유가 있다. 첫 번째 이유로 지적할 수 있는 것이 역사적 추세라는 것이다. 물의 상품화와 사유화는 어떤 추세의 일환이라는 것이다. 다시 말해서 주로 미국에서 시작되어 지난 30여 년 동안 선진국의 경제 활동 전반을 주도하던 어떤 흐름의 최신판이라고 할 수 있다. 공공 부문, 공공 서비스, 공공 자산 가운데 살아 남은 것이 없다. 우편 업무, 통신, 가스, 전기, 도시 교통, 철도, 항공, 의료, 교육, 치안, 국가 통계에 이르기까지 모든 것이 나라에 따라 약간의 차이가 있지만 획일적 형태로 전체를 넘기건 부분을 넘기건 모두가 민간에게 넘어갔다.[55]

이 현상은 사회를 통제하는 권한에 이데올로기, 정치, 경제, 사회, 문화적 변화가 발생하였다는 의미이며, 사회 단체들 사이의 세력 균형에 판도 변화가 생겼다는 뜻이다. 이런 엄청난 변화는 1970년대 이후 금융 및 산업 자본과 관련된 세력들이 지역적으로나, 국가적으로나, 세계적으로 물질 자원과 비물질 자원의 할당과 관련하여 의사 결정을 하고 통제하는 권한은 물론 생산성 향상으로 인한 이익의 분배마저 결정하는 권한을 누리게 하였다.[56]

자본주의 시장은 이런 방식으로 현재의 힘을 보유하게 되었다. 자본주의 시장의 이런 세력들, 특히 금융 자본은 직접적으로 혹은 국가라는 체제를 이용해 사유화의 방식으로 점점 더 세계의 부를 분배하는 원칙과 형식을 세징하고, 또 충족시켜야 할 욕구의 종류와 우선 순위까지 정하게 되었다.[57] 세계 경제와 정치를 주도하는 지도층들에게 이제 민영화, 규제 철폐, 자유화라는 개념은 만병통치약처럼 여겨진다. 많은 나라의 정치 지도자들이 이미 통치의 주체인 자신들이 행사해야 할 권한을 세계적인 기업들과 금융 시장에 넘겨 버렸다. 미국의 재무장관을 지낸 로저 C. 알트만(Roger C. Altman)은 자신이 기고한 어떤 글의 제목을 이렇게 썼다. "금융 시장의 힘으로부터 벗어날 수 있는 나라는 없다." [58]

물이 다른 자원과 달리 그런 흐름 속에서 최근에야 목표물이 된 이유는 지금까지 살펴본 대로 물을 상품화하고 사유화하는 일은 특히 비합리적이며 정당성을 인정받기 어려웠기 때문이다. 그러나 지난 몇 년 사이에 그 흐름을 막고 있던 댐이 붕괴되었다. 잠시 후에 살펴볼 세 번째 이유 때문이다.

그 이전에 우선 두 번째 이유부터 알아보자. 두 번째 이유는 저개발국들을 돕기 위한 국제 원조와 협력 정책에 일고 있는 변화가 저개발국에 미치는 영향 때문이다. 식민지였던 나라들이 해방되기는 하였지만(1960년대 말쯤 대부분의 나라들이 식민 통치에서 벗어나 독립국이 되었다) 그들을 지배했던 선진국들은 그들에 대해 여전히 온정적 간섭주의나 신식민주의의 태도를 견지하였다. 식민지를 보유했던 서유럽 국가들과 미국 가운데 진정 화합과 협력의 자세로 과거 식민지였던 나라들을 대하는 나라는 거의 없었다.

선진국들과 저개발국들 사이의 협력을 위한 야운데(Yaoundé) 협정이나 로메(Lomé) 협정 같은 드문 경우를 제외하고는 1974년의 새로운 세계 경제질서(New World Economic Order : 오일 쇼크 이

생 명 을 지 키 기 위 한 물 선 언

THE
WA
N

물은
상품이
아니다

세계 경제와 정치를 주도하는 지도층들에게 이제

민영화, 규제 철폐, 자유화라는 개념은

만병 통치약처럼 여겨진다.

많은 나라의 정치 지도자들이

이미 통치의 주체인

자신들이 행사해야 할 권한을

세계적인 기업들과 금융 시장에 넘겨 버렸다.

후 열림), 세계 개발 10개년 계획(World Development Decade : 1977년부터 1987년까지), 국제 식수 및 하수처리 10개년 계획 (International Drinking Water and Sanitation Decade : 1981년부터 1990년까지) 등은 모두 기대한 성과를 내지 못했다. 원조라는 것들이 모두 원조를 해주는 나라들의 이익에 기여하게 되어 있었다. 교역 조건이라는 것들은 모두 선진국의 이익에 도움이 되도록 만들어져 결국 제3세계 국가들은 부채만 잔뜩 안게 되었다. 선진국과의 진정한 협력과 일치 대신, 금융 협잡꾼인 IMF와 세계은행, 무역 협잡꾼인 GATT와 세계무역기구들로 인해 구조조정이라는 원치 않는 숙제만 떠맡게 되었다.

　　　지난 20여 년 사이에 실효성 여부야 어떻든, 국제적 협력과 화합을 모색했던 국제 기구들의 위상은 크게 약화되었다. 유네스코, 세계보건기구, 세계 식량농업기구, 국제 노동기구 등은 이제 더 이상 세계적인 문제들에 대한 해결책을 모색하고, 실행하고, 관리하는 역할을 제대로 하지 못하고 있다. 그런 기구들이 하던 일을 국제적 금융 기구인 세계은행과 IMF가 떠맡고 있다. 그러나 세계은행 정관 제1조인 세계은행 설립 취지를 보면 생각해볼 부분이 있다. 세계은행은 민간 자본의 해외 진출을 촉진하기 위해 설립된 것이다. 마찬가지로 IMF가 차관을 제공하는 기준은 그 차관이 민간 부문의 발전, 좀더 구체적으로는 정부나 다른 형태의 공공 기관이 생산하던 재화나 용역을 민간 부문이 맡아서 발전시킬 수 있느냐의 여부이다.

유엔 산하 기구와 연관되어 있는 개발 기금들이나 IMF, 세계 은행, 세계무역기구 3인방은 수자원 서비스 관리부문(식수원 분야의 전반적 개선, 관개, 집수, 유통, 도시 위생 등)의 현대화를 위한 차관의 의무 조건으로 민영화를 제시하고 있다.

좀더 융통성 있고, 실질적이며, 체계적인 조직력을 갖춘 기구들이 국제 경제와 관련된 문제들을 다루는 것이 좋겠다는 판단 하에 각국의 정부들은 수자원의 관리를 민간에게 넘기는 정치적 선택을 하고 있다. 즉, IMF, 세계은행, 세계 무역 기구들이 자신들의 정부보다 능력이 더 탁월하다고 생각하는 것이다.[59]

세계은행과 IMF가 취하는 행동 노선의 밑바탕에는 가브리엘 로스(Gabriel Roth)의 『개발 도상국 공공 서비스의 민영화』에 대한 믿음이 전제되어 있다.[60] 가브리엘 로스는(상수도 사업이 왜 지금까지 민간 부문의 관심을 끌지 못했는지 설명한 다음)[61] 상수도 사업 민영화의 가장 큰 걸림돌은 정치적 판단에 의한 정부의 반대라고 주장하였다. 그는 프랑스식 민영화를 모범적인 민영화의 예로 들고 있다. 거기서 한걸음 더 나아가 정부(세계은행과 IMF를 통해 자본을 조달할 능력이 있으니 그 일만 하고)와 민간 부문(시장 가격이라는 장치로 바람직한 관리를 해낼 수 있는 능력이 있으니 관리를 맡아 하면 되는)의 완전한 업무 분담을 주장하기까지 하였다.

가브리엘의 책은 1987년에 출간되었는데, 그것은 체계적이고 깊이 있는 연구 없이 그저 세계 개발 및 물 10개년 계획, '실존하는 사회주의'와 소련의 마지막 위기 국면, 중국을 포함한 대부분 사회주의 국가들의 시장 경제 체제 도입, 새로이 독립한 아시아, 아프리카 국가들의 구조적 취약함 등을 보고 피상적 결론을 내린 것에 불과하다. 위와 같은 일련의 현상들은 개발도상국들로 하여금 경제 운용에서 사유화와 시장화를 모색하게 하였고 지속적으로 선진국과의 관계를 추구하도록 만들었다. 선진국 정부들의 지지와 지원을 받고 있는 세계은행, IMF, 세계무역기구가 그런 나라들에게 제시한 처방은 이런 것이다. "원조 같은 것은 기대하지도 말고 생각하지도 말라. 사업성만 생각하라."

그럼에도 불구하고 세계은행은 각국의 물 시장 민영화가 물을 필요로 하는 다양한 부문에 물을 더 잘 공급할 것이라고 장담할 수도 없고, 수질 개선도 이루지는 못할 것(적어도 가까운 시일 내에는)이라는 사실을 인정하고 있다. 그러면서 계속하여 이렇게 주장한다. '따라서 중앙 정부나 지방 정부 같은 공공 기관은 유통과 수자원 보호의 궁극적 책임을 떠맡아야 한다. 그러기 위해 투자 정책과 할당 정책(공급 관리)을 책임지는 동시에 소비자 행동에 영향을 미치는 직접 규제, 기술 혁신, 투자 촉진, 물 소비 자제 유도(수요 관리) 등의 조치를 취해야 한다.' [62]

세계은행은 계속해서 위의 주장과는 모순된 주장도 펼친다. 정부는 민영화를 위한 제도적 장치(물값의 기준 제정)를 마련하고 시장 기능을 촉진하되, 관리에는 직접 개입해서는 안 된다는 것이다. 관리와 소유는 완전히 민간 부문에 넘기라고 한다. 그런 한편 수자원의 소유권 보유와 소유권 이양을 원활하게 하고, 마실 물의 수질 기준을 제시하고 강제화 할 법률을 제정해야 한다고 한다.

근래에 와서 물의 상품화와 민영화의 압력이 거세진 세 번째 이유는 〈파이낸셜 타임즈〉의 기자 존 바햄(John Barham)이 쓴 '세계적 물 산업을 어떻게 사업화 할 것인가?'라는 짧은 기사 때문이다. 1997년 9월 말부터 10월 초까지 이스탄불에서 열린 국제 물 산업 회의를 지켜 본 그는 그 회의에서 보고 들은 내용을 자신의 기사를 통해 이렇게 전하고 있다.[63]

> 물은 전 세계적으로 민영화가 추구되는 마지막 자원이다. 물은 이제 민간 부문의 관심을 끌고 있다. 물이 비록 인간 생존에 너무나 필수적인 것이어서 다른 상품처럼 취급할 수 없다고 여겨지긴 하지만, 이제는 물이 너무 귀해져서 비싼 값을 받을 수 있게 되었다. 가난한 사람들조차도 비싼 물값을 치를 마음의 준비가 되어 있다.

그런데 존 바햄의 이 마지막 말은 세계은행의 민간 부문 프로젝트를 관장하는 국제 금융회사인 인터내셔널 파이낸스 코퍼레이션의 어느 이사가 회의에서 했던 말을 그대로 전한 것에 불과하다. 그런 식으로만 보면 물 시장은 확실히 굉장한 돈벌이가 되는 시장이다. 그러나 금융계 내부에도 신중파들이 있다. 그들은 물 시장이라는 것이 아직은 정지적, 경제적, 사회적으로 많은 위험 요소를 안고 있다고 생각한다. 달리 말해서 그들은 돈이 없어 물을 사먹지 못하지만 생존에 필요한 물을 먹어야 하는 사람들에게 물을 공급해야만 하는 인류적이며 사회적인 비용을 감당하지 않는 한 결코 이익을 낼 수 없다는 사실을 깨닫고 있는 것이다. 이런 사실 때문에 주저하는 사람들에게 존 바햄은 마치 비방을 알려주듯 확신에 차서 말한다. 정부는 그저 필요한 경제적 개혁 조치를(가장 근본적인 것으로는 시장 가격의 책정) 취해서 국고의 안정을 기하고, 주요 인프라를 구축할 재정 지원만 하면 된다는 것이다. 통신이나 에너지 자원, 또는 과거에 공공 부문에서 관리하던 다른 자원들이 민영화 되었던 속도에 비하면 아직 물의 민영화는 그렇게 빨리 진행되는 편이 아니다. 이에 대한 존 바햄의 결론은 이렇다. 물을 경제적 자산으로, 그리고 현금화할 수 있는 자원으로 변질시킨다면 각국 정부들은 다른 자원과 마찬가지로 물도 자본 시장이 군침을 삼키는 존재로 만들 수 있을 것이다.

물의 민영화에 대한 이렇듯 단순한 생각은 산업계와 금융계의 사고 방식, 전략 등을 그대로 전달하고 있는 것에 불과하다는 사실을 알 수 있다. 자본 제왕들에게는 다음과 같은 점들이 너무나 분명하기 때문이다.

- 물은 점점 비싸질 것이다.
- 가난한 사람들조차 수돗물은 물론 병 속에 든 물까지 비싼 값을 치를 마음의 준비를 할 것이다(어쩔 수 없이 그렇게 하는 사람들도 있겠지만).

- 병 속에 물을 담아 파는 사업은 상품의 다양화를 통한 새로운 시장 개척으로 지난 10여 년 동안 계속된 성장을 이어갈 것이다.
- 가난한 나라나 부유한 나라나 모두 앞으로 물을 생산하고, 유통시키고, 처리하는 데 필요한 인프라 구축과 개선에 막대한 예산을 쏟아부어야 할 것이다.
- 앞으로 20년 이내에 인구 100만 명이 넘는 전 세계 650개 도시의 물 수요는 감당하기 어려운 수준이 될 것이다. 그 중 600개 도시가 아프리카, 남미, 아시아, 러시아의 도시들일 것이다.
- 과거에 공공 부문이 물 관리와 관련해 민간 부문에 넘기기를 꺼려했던 분야는 공공 부문이 유일하게 이익의 원천이라고 생각했던 물의 공급 분야였다. 그러나 지난 10~15년 사이에 상황이 많이 달라졌다. 이제는 물의 정수와 같은 분야가 새로 자본을 투입할 만한, 이익 창출 가능성이 큰 분야이다.

자본 제왕들은 세계 각국의 정치 지도자들이 위와 같은 내용을 인정하고 받아들이게 하는 데 성공하였다. 그 결과, 1990년대에 개최되었던 물을 주제로 한 각국 정부 차원의 국제 회의 가운데 가장 중요한 의미를 지녔던 더블린 회의에서 다음과 같은 더블린 선언 제4원칙이 나왔다.

물의 용도는 다양하고 수요도 다르므로 물은 경제적 가치를 지니는 경제적 자산으로 인정해야 한다. 이 원칙에 의거해(이

말은 강조되어 있기까지 하다) 모든 인간은 적절한 가격으로 위생적인 물을 사 마실 수 있는 권리가 있다는 사실을 인정하는 것은 매우 중요하다. 물의 경제적 가치를 인정하지 않은 것이 과거의 물 낭비와 환경을 파괴하는 물의 오용을 초래하였다. 물을 경제적 자산으로 관리하는 것이 효율적이며 평등한 물의 사용과, 수자원의 보호 및 보존을 촉진하는 첩경이다.

더블린 선언의 다른 3가지 원칙은 다음과 같다.

- 맑은 물은 유한한 자원이며 손상되기 쉬운 자원이다. 맑은 물은 생명과 개발, 환경에 필수적이다.
- 수자원의 개발과 관리는 사용자, 계획 입안자, 정치적 의사 결정자 모두의 참여로 이루어져야 한다.
- 여성은 수자원 공급, 관리, 보호의 과정에서 중심적 역할을 담당한다.

이 같은 원칙들을 바탕으로 자본 제왕들은 자신들이 목적하는 바를 효과적으로 추구할 수 있다.

물 산업 : 이제 좀더 정확히 알 때가 되었다

우리는 물 산업에 대해 충분히 알지 못한다. 통신, 에너지, 의료, 운송(부분적으로는 아직도 공공 부문에 속해 있거나 정부의 규제를 받는다) 등의 분야에서는 국내 및 국제 통계를 쉽게 찾아볼 수 있는

데다, 경제 전략적 분석이나 비교 등도 쉽게 할 수 있다. 그러나 물에 관한 한 비교해 볼 수 있는 자료가 없다. 유럽 연합의 통계국은 통신 분야에 대해서는 상당한 분량의 자료를 제시하면서도 물에 관하여는 고작 두세 쪽 분량의 자료를 제공할 뿐이다. 또 엄청난 분량의 정보를 수록하고 있는 유럽연합의 연례 유럽 산업보고서조차도 물 산업에 대해서는 겨우 다섯 쪽을 할애하여 신빙성이 의심스러운 자료와 분석 결과들을 제시하고 있을 뿐이다. 자료의 부족으로 북미, 서유럽, 일본의 주요 물 관련 민간 기업, 혹은 공공 기업의 지난 10~15년 사이의 수익, 이윤, 인력 등의 비교 목록을 작성하는 일은 불가능하였다. 게다가 시간 부족과 일관성 있는 자료 출처의 부재로 상수도 사업을 민영화한 인구 25만 명 이상의 도시 목록을 작성하는 일조차 해낼 수 없었다.

그렇기는 해도 많은 기사와 업무 기록, 업무 관련 서류 등을 참고할 수는 있었다.[64] 그 가운데는 '세계의 물 산업 전망 : 산업 보고'[65]도 포함되어 있었는데, 거기에는 미국의 주요 민간 기업 10곳의 재무 관련 자료가 수록되어 있었다. 또 유럽 위원회 사회 문제국 사무 총장의 요청에 의해 유럽 공공 서비스 연합이 조사하여 1994년 11월 14일자로 보고한 '유럽 물 산업 보고서'도 참고할 수 있었다. 여기서 주목할 것은 산업국 사무 총장의 요청이 아니라 사회 문제국 사무 총장의 요청에 의해 그런 조사가 이루어졌다는 사실이다.

앞서 표를 통하여 소개하였던 물을 주제로 한 국제 회의들 가운데 어떤 회의도 물 산업, 물 기업, 물 시장, 업계의 전략 등을 중요하게 다루지 않았다. 그저 여러 나라의 물 관리를 담당하고 있는 공공 기업이나 민간 기업 자체에 대한 정보와 현황 등에 대해서만 분석하고 관련 정보를 제시하였을 뿐이다.[66]

물 산업에 대한 정보의 부재는 하루 빨리 시정되어야 할 현상이다. 그것은 단지 연구자들 뿐만 아니라 정치인들과 일반 대중의 이익을 위해서도 그렇다. 그런 일은 리모주에 소재한 국제 물 사무소(International Water Office, 국제 물 사무소의 정보 및 문서 서비스를 담당하는 EAUDOC는 물 분야의 실질적이며 정확한 정보를 제공하는 것이 그 기구의 중요한 업무 가운데 하나라고 말한다), 국제 물 사무국(International Water Secretariat), 세계 물 협력체(Global Water Partnership), 세계 물 평의회(World Water Council) 등이 해야 할 일일 것이다. 민간 자본이 물 분야에 더욱 깊숙이 더욱 많이 자리잡을수록 관련된 모든 당사자들이 물 산업에 대해 좀더 확실하고 상세한 정보를 더욱 쉽게 얻을 수 있어야 한다.

세계화를 시작한 물 기업

민간 기업들의 물 사업은 현재로서는 초기 단계에 있다고 할 수 있다. 언론에 의해 '거대 물 기업'이라는 명칭을 얻은 프랑스의 제네랄 데 조(비방디 그룹 계열)와 쉬에즈-리오네 데 조가 현재로서는 단연 선두에 서 있다는 사실은 상식이다. 비방디는 세계 최고의 물 기업으로(1997년의 수익은 71억 달러였다) 환경 부문, 에너지, 도시 하수 처리, 교통 분야에도 진출해 있다. 그 뒤를 따르는 것이 리오네 데 조(쉬에즈 그룹 계열)인데, 1996년에 51억 달러의 수익을 올렸지만 국제 시장에서는 오히려 비방디 그룹을 앞서고 있다 (1997년 국제 시장에서 올린 수익은 쉬에즈 그룹이 29억 달러, 비방디 그룹이 22억 달러였다). 쉬에즈 그룹 산하에는 세계 최고의 물 처리 기술을 보유한 데그레망이 있다.

프랑스 시장에서 3위와 4위를 점유하고 있던 쏘르와 씨즈가 1997년 확장 정책을 펴고 있던 브이그 그룹(민간 건설 부문 세계 최고)과 합병하여 쏘르-브이그로 탄생하였다. 쏘르-브이그는 현재 전 세계 3천4백만 명에게 물을 공급함으로써 각각 7천만 명에게 물을 공급하는 수에즈-리오네와 비방디를 뒤따르고 있다.

1989년 영국의 상수도 민영화 조치에 따라 등장한 민간 기업들(초기에 8개였는데 인수 합병을 통해 5개로 줄었다)도 국제 시장에 눈독을 들이고 있는데, 특히 쎄번-트렌트와 테임즈 워터가 큰 관심을 보이고 있다. 그렇기는 해도 미국 기업들(벡텔 등), 독일, 일본 기업들과 마찬가지로 현재로서는 프랑스 기업들에 많이 뒤져 있다. 아래의 표에서 보듯이 리오네는 전 세계에 두루 퍼져 있는데 1998년과 1999년 비방디의 맹추격으로 두 기업의 차이는 근소해졌다.

그 동안 정부에 의해 독점되었던 공공 서비스 부문을 민간 부문에 넘기는 조치들이 취해진 후, 독일의 기업들은 활발히 움직이고 있다. 그 가운데 RWE 같은 기업은 2000년에 세계 3위의 물 기업인 테임즈 워터를 인수하였다. 인수의 목적은 공개적으로 밝힌 바대로 그 동안 공공 부문이 담당하던 서비스를 종합적으로 제공하는 세계적 거대 기업을 탄생시키기 위해서였다. 투자자들은 이미 막대한 이익을 볼 기대에 부풀어 있다. 각국 정부의 규제에서 풀려나는 유럽 시장의 점유율을 놓고 몇몇 세계적 기업들과 각축을 벌일 것이기 때문이다.

물 기업의 세계화 : 라 리오네(La Lyonnaise)의 경우

기업명	국가	자본 지분	진출 부문
Aguas Argentinas	아르헨티나	25.5%	물
Lyonnaise-Australie	오스트레일리아	100.0%	물
Sita	벨기에	100.0%	폐수 관리
Aquinter	벨기에	45.0%	물
Sofege	벨기에	100.0%	물
SS2	체코	51.0%	공급망 건설
SMP	체코	51.0%	공급망 건설
Lyonnaise(C2)	체코	100.0%	물
Lyonnaise Chine	중국	100.0%	물
Eurowasser	독일	49.0%	물
Brodrier	독일	25.0%	공급망 건설
Aguas de Barcelona	스페인	23.0%	물
Cespa	스페인	100.0%	폐수 관리
Lyonnaise Pacific	프랑스 해외 공관들	100.0%	물

CEM	홍콩	20.0%	에너지
SAAM	홍콩	43.0%	물
Lyonnaise Indonésie	인도네시아	100.0%	물
Crea	이탈리아	49.0%	물
Sita	이탈리아	100.0%	폐수 관리
Lyonnaise-Lituanie	리투아니아	100.0%	물
Lyonnaise-Hongrie	헝가리	100.0%	물
Lyonnaise-Malaisie	말레이시아	100.0%	물
Safege Roumanie	루마니아	100.0%	물
Sita Clean	영국	100.0%	폐수 관리
Essex & Suffolk	영국	99.0%	물
Lyonnaise UK	영국	80.0%	물
North-East Water	영국	99.0%	물
General Water Works	영국	26.0%	물

✖ 자료 : 유럽 물 산업, EPC 조사, EPSC, 브뤼셀(1994)

점차 더욱 많은 도시들이 물 공급을 민영화함에 따라 물 기업의 이익 창출 가능성이 증대되고 있으며, 따라서 점점 더 많은 민간 자본이 식수 공급 부문에 투자되고 있다. 리오네 데 조에 물 관리나 환경 관리를 맡기는 대도시들이 최근 부쩍 늘고 있다. 아래 표에서 보듯이 1997년에서 1998년 사이에만 14개 도시가 리오네 데 조에게 그런 일들을 위임하였다.

도시명	국가	관리 부문
마닐라	필리핀	물과 하수 처리
부다페스트	헝가리 물	관리와 급수
코르도바	아르헨티나	식수 급수
카사블랑카	모로코	전기, 급수, 하수 처리
자카르타	인도네시아	물 생산과 급수
메단	인도네시아	물 생산
라파스 및 교외 지역	볼리비아	물과 하수 처리
엘알토	볼리비아	물과 하수 처리
인디애나폴리스	미국	하수 처리
밀워키	미국	하수 처리
톈진	중국	물 생산
중산	중국	식수
호치민	베트남	물 생산
포츠담	독일	물과 하수 처리

✖ 자료 : BOUTONMAR CO Htm / ResAnchor www.suez-lyonnaise-eaux.fr

　　민간 부문이 물 관리에 깊숙이 개입할수록 하수 처리에도 자연스럽게 진출할 수 있게 된다. 이미 그런 현상은 쉽게 눈에 띄는데, '물의 획득=안전=건강' 이라는 방정식에서 점점 더 많은 부분이 시장 논리와 이익 논리에 의해 좌우된다는 문제가 있다. 물 기업의 궁극적 목표는 주식 가치를 끌어올리는 것 뿐이다.

　　스위스의 민간 은행 픽텟(Pictet)은 2000년 1월, 8개의 물 기업

주식에 투자할 투자신탁 펀드를 모집하였는데, 펀드의 규모는 5백억에서 1천억 달러 사이였다. 물 기업의 주식에만 투자할 것을 목적으로 하는 펀드는 이 펀드가 최초였다. 이 펀드의 포트폴리오를 구성하는 8개 기업은 픽텟이 직접 선정한 것인데, 픽텟은 이 8개 기업의 이익 실현성과 장기적 성장성을 높게 보고 있었던 것이다. 그들의 판단이 옳다면 이제 머지않아 자본 논리에 의해 움직이는 세계적물 시장이 탄생할 것이다. 투자자들을 끌어들이려는 기업들 간의경쟁은 투자 수익률을 높이기 위한 경쟁으로 이어질 수밖에 없다.

물 서비스 민영화의 문제점과 한계

민간 기업과 민간 자본이 점점 더 수자원의 소유권과 관리권을 장악하는 일이 왜 문제가 되는가? 1992년 유럽 연합 12개 회원국의현황을 보면 민간 부문이 직접 소유권과 관리권을 가지고 있는 서비스 기관으로부터 물을 공급받는 인구는 평균 16%에 불과하였다. 소유권과 관리권을 민간 부문에 위탁하거나 공공 부문과 공동으로보유하고 있는 형태의 서비스 기관으로부터 물을 공급받는 인구도평균 20.5%(아래 표 참조)에 불과하였다는 사실을 감안하면, 그런우려는 민간 부문에 대한 근거 없는 경계심과 적의 때문은 아닌가라는 의구심을 품을 수도 있을 것이다. 그러나 그렇지 않다. 1992년 이후 상황이 급변한 것도 이유이지만 지금까지 물 서비스를 민영화한 두 나라의 경험이 민영화의 심각성을 말해주기 때문이다. 즉, 영국과 프랑스의 사례가 그렇다.

취수, 정수, 급수 : 1992년 유럽 연합 12개 회원국의 물 관리 형태

물을 공급받는 서비스 기관 형태에 따라 분류한 인구 비율, 1992

	관리 형태				
	공공 부문 직접 관리	도시 공동체 자체 관리	위탁형 공사 혹은 혼합형	기업 위탁형 혹은 혼합형	민간 기업
유럽 연합 12개국*	37	11	16	21	18
벨기에	5	0	90	5	0
덴마크	67	0	33	0	0
프랑스	23	0	2	75	0
독일	35	20	30	15	0
아일랜드	100	0	0	0	0
이탈리아	72	23	1	4	0
룩셈부르크	100	0	0	0	0
네덜란드	15	0	85	0	0
포르투갈	92	0	8	0	0
스페인	48	11	12	29	0
영국**	3	9	0	0	88

*유럽 연합 인구 통계에서 그리스는 제외

** 잉글랜드와 웨일즈는 민간 기업 관리. 스코틀랜드는 지방 정부가 직접 관리.
북아일랜드는 정부가 직접 관리

✪ 자료 : EUREAU

영국과 프랑스의 민영화는 기본 원칙과 운영 형태에서 현저한 차이가 있다.[67] 프랑스의 민영화는 공공 서비스의 관리를 민간 기업에 위임한다는 원칙 아래 진행되었다. 1992년의 수자원 관리법에 따르면 정부는 수자원 관리를 위한 총칙을 제정하고 관리는 지역 공동체나 다른 형태의 관련 기구가 맡게 되어 있다. 수원 분포에 따라 프랑스 전국을 여섯 지역으로 나누어 각 지역의 수자원 관리가 균형 있게 추진될 것을 도모하였다. 지방 정부는 수자원 관리권을 직접 보유, 행사하거나 민간에 넘길 수 있다. 프랑스에서는 식수가 모자라는 일은 없다. 문제는 여섯 지역의 수질이 다르고 오염 방지와 하수 처리 등에 기울이는 노력에 차이가 있다는 것이다.

프랑스 의회 의원인 앙브르와 겔이 의회에 제출한 보고서에 따르면 수자원의 관리권을 위탁받은 민간 기업들이 전 국민의 85%에게 물을 공급하는가 하면, 전국의 하수처리 부문에서는 35%를 담당하고 있는데, 이 비율은 급속히 늘고 있다고 한다.[68] 이미 앞에서 살펴본 대로 비방디, 리오네 데 조, 쏘르-브이그의 3개 기업이 독과점 형태로 각 지방 정부의 수자원 관리권을 위탁받아 장악하고 있다. 또 다른 프랑스 물 기업인 다농은 병 속에 담아 파는 물 시장에서 세계 2위를 차지하고 있는데, 이것은 비방디와 리오네 데 조가 해외의 물 공급 시장을 장악하기 위해 몇 십 년 동안 벌인 치열한 경쟁에서 보고 배운 내용을 활용한 결과이다.

프랑스의 국가 경제라는 차원에서 보면 이런 현상은 중요한 의미를 갖는다. 따라서 프랑스 정부는 자국 기업들이 해외 시장에서 장악하고 있는 영향력을 상실하게 될지도 모르는 정책을 취할 가능성이 거의 없다. 국가 경제에 도움이 되는 측면이 있을지는 몰라도 프랑스의 물 관리는(1992년에 제정된 수자원 관리법 제1조에는 분명 '물은 전 국민의 공동 유산 가운데 하나이다' 라고 명시되어 있는데도 불구하고) 점차 경제나 금융의 이익 동기에 의해 움직이고 있다. 그러면서 결국 관료주의나 전체주의 독재 정권 치하에서 볼 수 있는 부정적 결과들을 노출시키고 있다.

무엇보다 최근 몇 년 동안 물값이 계속해서 오르고 있다는 사실이다(앙브르와는 이 현상을 물값 폭발이라고 부르고 있다). 이로 인해 1980년대 중반 이후 이들 기업들의 이익률은 급격한 상승세를 보이고 있다. 1990년부터 1994년 사이의 물값 평균 상승률은 50%인데, 그르노블 같은 곳은 3배로 뛰기도 하였고, 파리의 물값 인상률은 154%였다. 1994년 이후 물 관리의 민영화가 급속히 이루어졌는데, 이 시기 이후 물 산업이 다른 어떤 산업보다 높은 투자 수익률을 보이고 있다는 사실에 주목할 필요가 있다. 1990년대 리오네 데 조의 연간 수익 가운데 물 공급 사업이 차지하는 비중은 25~30%였지만 연간 이익에서 차지하는 비중은 60%였다. 앙브르와의 의회 보고서에 수록되어 있는 내용에 따라 인구 1만 명 이상의 지역 가운데 물값이 비싼 40곳의 물 관리권 소재를 보면 재미있는 사실을 볼 수 있다. 물값이 비싼 지역 상위 20곳 가운데 17곳의 물 관리를 민간 기업이 담당하고 있었다. 반면에 물값이 싼 지역의 상위 20곳 가운데 13곳의 물 관리는 지방 정부가 담당하고 있었다.

앙브르와가 의회 보고서에서 지적하고 있는 두 번째 문제는 물 관리권의 위탁 과정에 투명성이 결여되어 있고, 물 관리권의 위

생 명 을 지 키 기 위 한 물 선 언

THE
WATER

물은
상품이
아니다

1990년부터 1994년 사이의

물값 상승률은 평균 50%인데,

그르노블 같은 곳은 3배로 뛰기도 하였고

파리의 물값 상승률은 154%였다.

1994년 이후 물 관리의 민영화가 급속히 이루어졌는데,

이 시기 이후 물 산업은 다른 어떤 산업보다

높은 투자 수익률을 보이고 있다는

사실에 주목할 필요가 있다.

탁 과정을 둘러 싼 부정 부패가 심각하다는 것이다. 정부와 국민을 소외시킨 상태에서 이익을 창출한다는 논리는 프랑스식 민영화의 커다란 문제점이다. 무엇으로도 대체할 수 없고, 생존을 위해 필수적인 사회 전체의 공동 자산으로 개인들이 이익을 얻는다는 것은 정치 윤리나 경제 정의의 관점에서 문제가 아닐 수 없다. 소수의 개인이 사회적 자산을 몰수 또는 징발하여 사적인 이익을 추구하는 행위를 합법화한 것에 불과하지 않은가? 만일 물 관리를 통해 어떤 이익을 얻을 수 있다면, 그 이익이 국민 전체와 후손들에게 골고루 돌아가게 하는 식의 이익 추구여야 하지 않겠는가?

영국의 민영화 실태는 이런 의문을 더욱 강하게 제기한다. 사회의 공동 유산을 가지고 소수의 개인들(물 기업의 주주들)이 챙기는 이익이 영국의 경우는 더욱 커서, 민영화되어 있는 물 관리를 조금도 이상하게 생각할 줄 모르는 토니 블레어 총리마저 1997년 '과다 이익'에 대한 특별세를 제정하였다. 물 기업들은 1998년부터 1999년 사이에 16억 파운드를 세금으로 내야 했는데, 이 액수를 보면 물 기업 경영진들이 인프라 개선과 수질 개선을 위해 투자를 확대하겠다던 약속 같은 것에는 관심이 없어도, 더 많은 이익을 올리고, 주식 배당금을 늘리기 위해서는 얼마나 열심이었는지를 알 수 있다.[69]

민영화 이후, 노후 및 파손된 상수도관으로 인한 누수량은 30%나 늘었다. 1990년부터 1994년 사이에 수도 요금은 55%나 올랐지만, 물이 안 나오는 일은 다반사가 되었다. 게다가 수도 요금을

못 낸 가정에는 급수 중단을 아무렇지도 않게 자행하고 있다. 1979
년부터 1994년까지 마거릿 대처의 보수당 정권 치하에서 최저 생
계비 이하로 생활하는 극빈자의 수가 740만 명에서 1,390만 명으로
늘었다는 사실을 감안하면 얼마나 많은 사람들이 물을 얻어 쓰지
못해 고통을 받고 있는지 짐작할 수 있다.[70]

프랑스식 민영화를 옹호하는 사람들은 수자원의 소유권과
관리권만 분리되면 문제가 없다는 주장을 편다. 프랑스는 수자원의
소유권을 공공 부문이 가진 상태에서 물 서비스의 관리권을 민간
기업에게 넘기는 방식을 취하고 있다. 그러나 이 같은 주장은 듣기
에만 그럴 듯하게 들릴 뿐이다. 겉으로는 소유권과 관리권이 분리
되어 있는 것처럼 보이지만, 현실적으로는 글자 그대로 실질적 소
유권마저 넘어가 버린 것이다.

소유권이 실제로 공공 부문(국민의 선거에 의해 선출된 정치
지도자들이 책임을 지는 중앙 정부나 지방 정부)에 귀속되어 있다
면, 공공 부문은 수자원이라는 공공 자산의 주인으로서 그 가치와
효용을 규정하고 활용할 수 있어야 한다. 그러나 프랑스의 실태를
보면 관리권을 넘겨 받은 기업들이 물의 가격, 수질 기준, 관리에
관한 제반 규정 등을 결정하는 과정에서 날이 갈수록 술책을 부렸
다. 그들은 '실제로 물을 관리' 하면서 기술, 논리, 관리 능력, 재정,
관련 법규 등에서 사회의 다른 어떤 분야의 사람들이나 집단에 비
해 비교 우위에 서 있었기 때문에 그런 책략을 부릴 수 있었던 것이
다. 관리권이 일단 공공 부문의 손을 떠나면, 수자원을 통제할 수

2장 장애물:물의 제왕들

있는 모든 요소가 민간 부문의 손에 넘어 간다는 의미가 된다.

인간이 제정한 법에 의해 천연 자원인 땅의 소유권을 인정받은 중세 시대의 지주들이 그랬던 것처럼, 물의 관리권을 넘겨받은 민간 기업의 자본 제왕들도 가장 짧은 시간 안에 가장 많은 이익을 보려고 한다. 오늘날 경제, 과학, 정치 분야의 여러 인사들이 물의 소유권을 자본 제왕에게 넘기는 법을 제정하라는 사회적 압력을 가하고 있다. 이 자본 제왕은 과거의 다른 자본 제왕들이나 현재 다른 분야의 자본 제왕들과 전혀 다르지 않을 것이다. 그들은 화합에 바탕을 둔 논리보다는 '경쟁력 있는 자가 승리한다' 는 주장 아래 징발이나 압수, 몰수의 논리로 일관할 것이다. 이제는 인간이 만든, 참으로 우스꽝스러운 법이 더 이상 존재하지 않도록 해야 할 때이다. 그런 법들이 많아질수록 불가분의 관계에 있는 기술 제왕이 등장하기 때문이다.

기술 제왕

기술 제왕이란 어떤 존재를 이르는지 이해하기 위해 댐과 병 속에 담아 파는 생수 2 가지에 대해 알아보자.[71]

댐을 쌓는 사람들
댐이 물을 가두어 두고, 물길을 바꾸고, 강의 흐름을 조절할 수 있다는 사실을 인간이 알게 된 이후, 인간은 계속해서 댐을 쌓고 있다. 기술이 발전하면서 좀더 견고하고, 효율적이며, 비용도 적게 드는 댐을 건설할 수 있게 되었는데, 그 기술이나 창의성 면에서 볼 때 호모 파버(homo faber: 기술을 보유한 존재로서의 인간)라는 말을 실감할 수 있다. 그러나 이제 호모 파버가 기술 분야에서 이룩한 성과들이 점점 대규모의 건설이나 공사에 접목되면서 결국은 자신의 발목을 잡아당기는 족쇄가 되고 말았다. 그럼에도 불구하고 기술에 대한 맹신은 근시안적이며 많은 부작용을 초래한다는 과거와 현재의 많은 경험들을 애써 무시하고 있다.

오늘날 전 세계에는 약 4만 개의 대형 댐이 있다.[72] 그 가운데 3만 5천 개가 1950년 이후 건설되었는데, 15년 전부터는 과거 어느 때보다 더 많은 댐이 건설되고 있다. 중국, 미국, 옛 소련연방, 일본, 인도 등이 다른 나라들에 비해 상대적으로 더 많은 댐을 보유하고 있다.[73] 대형 댐은 마천루, 항공기, 5십만 톤 급 선박, 유전자 복제 동물, 원자력 발전소와 마찬가지로 인간의 기술이 자연의 한계를 극복한 상징처럼 여겨진다. 역사를 바꾸고, 땅의 모습을 바꾸겠다는 이상과 초인적 의지로 사람과 자연의 삶에 획기적인 변화를 가져온 위대한 업적으로 생각한다.

인간과 자연의 역사는 인간 기술에 의한 성과들이 얼마나 위태롭고, 불완전하며, 비합리적인 것인지 종종 증명해 보였다. 무엇보다 위험의 규모도 함께 커졌다는 사실을 생각해야 한다. 댐이 키질수록 그것은 1970년대 이후 소위 '기술로 인한 심각한 위험'이라고 하는 것이 더욱 커졌다는 뜻에 다름 아니다.[74] 원자력 발전소, 공항, 도시의 전선망, 화공약품 공장, 대형 유조선, 유독성 물질 수송 열차, 이 모든 것들이 '기술로 인한 심각한 위험'이다. 이런 것들이 폭발한다거나, 고장난다거나 하는 사고가 나면, 인간(특히 생명), 자연(오랜 시간 광범위한 지역에 피해를 초래하는 오염), 사회(경제적 손실, 혼란, 도덕의 타락, 사회 조직의 와해)는 선례를 찾아보기 힘든 엄청난 타격을 입게 된다. 구태여 대형 댐의 붕괴로 인한 피해의 사례를 찾아 볼 필요도 없다. 대재난이라고 부를 수 있는 1998년 중국의 홍수 참사는 특히 댐 건설을 좋아하는 나라, 중국에 있는 많은 댐들이 홍수의 한 요인으로 작용한 결과였다. 미국, 스위스, 독일 세 나라에서는 최근 대형 댐 건설에 반대하는 여론이 높아져 가고 있는데, 이 같은 사실은 많은 사람들이 이제는 안전을 고려한, 기술에 바탕을 둔 새로운 발전 개념이 필요하다고 생각하고 있다는 증거이다.

대형 댐의 두 번째 문제점은 댐 건설을 위해 치러야 하는 직접적, 간접적 비용과 대가이다. 댐 건설을 옹호하는 사람들은 댐 건설을 위한 대가와 희생, 위험은 평가절하하고, 댐 건설로 인한 이익과 기술의 안전성은 부풀려서 말한다. 그들은 특히 댐이 건설될 인근 지역에 사는 사람들이 직접적으로 겪게 될 피해에 대해서는 모르는 척한다. 여러 마을들이, 수천 명의 사람들이 졸지에 정든 집을 버리고 떠나야 한다. 댐 건설로 인하여 본의 아니게 이주를 한 사람의 수는 세계적으로 3천만 명에서 6천만 명에 달한다(중국에서만 1

천만 명).[75] 이주민들에게 주어지는 금전적 보상이라고 하는 것이 결코 그들이 입은 정신적, 경제적, 사회적 손실을 보상해 주지는 못한다. 도시나 다른 마을로 이주한 이주민들이 자신들의 몸에 밴 생활 방식대로 살지 못하고, 자신들이 익숙하게 할 수 있는 일들(농업, 어업, 공예업 등)을 하지 못할 때 그들은 정신적 상처를 받게 된다. 생태계에 미치는 폐해 또한 되돌이킬 방법이 없다. 생물 종이 줄어들고(회유어와 수생 식물의 소멸), 하류 지역의 수자원 공급이 줄고, 경작에 필수적인 수중 침전물이나 퇴적물 등이 이동하지 못하고, 대수층이 상승한다.

대형 댐의 세 번째 문제는 그나마 댐 건설 당시 사람들을 희망에 부풀게 했던 약속들을 지키지 못하고 오히려 실망만 안겨준다는 점이다. 새로 건설된 대형 댐들은 대개 마을들과 숲, 농경지들을 오염시키고 유기물질의 부패로 비위생적 환경을 조성한다. 오염된 물이 고여 있으므로 말라리아나 주혈흡충증 같은 병이 돌게 된다. 또 저수 비용과 정수 비용이 급격히 늘어난다. 게다가 저수 용량과 발전 용량은 예상치를 밑돌아 수천 킬로미터 떨어진 도시 주민들이나 산업 지구, 집약적 기업농 지구에 비해 지역 주민들은 물과 전기를 제대로 얻어 쓰지 못한다. 전통적 관개 방식으로 정겹게 살던 마을 공동체가 회복 불능 상태로 와해된다.

마지막으로 캐나다의 그레이트 노스 댐처럼 오지나 벽지에 세워진 댐은 토착민이나 원주민 공동체에 심각한 피해를 초래한다. 많은 사례 가운데서도 레소토의 카체 댐은 토착 원주민들의 삶을

송두리째 뒤흔들어 놓고, 전에는 볼 수 없던 에이즈까지 퍼뜨렸다.

　　대형 댐의 여러 가지 문제점들이 알려지자 세계 여러 나라에서 대형 댐 건설을 반대하는 의미 있는 운동이 일고 있다. 이런 운동을 전개하는 사람들은 물, 농업, 전기를 모두 고려하는 동시에 여러 관련 집단의 이익도 함께 고려하여 화합과 지속적이고 안정적인 개발의 원리에 바탕을 둔 소규모 댐의 건설을 주장하고 있다. 이 같은 운동의 성공 사례로는 인도의 나르마다 댐 건설 계획의 취소를 들 수 있다. 세계은행은 7년 동안 댐 건설을 지지하며 차관을 제공하려고 하였다. 그러나 댐 건설 프로젝트를 실천에 옮기기 위해 세계은행이 파견한 타당성 조사단의 조사 연구 결과, 반대 운동을 하는 사람들의 주장이 옳다는 것을 세계은행도 이해하고 받아들이게 되었다.

　　1996년에 공사가 시작된 터키 유프라테스 강의 비레시크 댐은 대형 댐으로 인한 폐해가 어떠한 것인지를 생생히 증언하는 사례가 될 것이다. 댐 건설로 인해 44개의 마을이 심각한 영향을 받는 가운데 31개 마을은 완전히 물 속에 잠겨 버리게 된다. 또 옛 건축 문화 유산을 많이 간직하고 있는데다가, 도시 발달사의 관점에서 중요한 의미를 가진 할페티의 상당 부분도 물에 잠기게 된다. 할페티 3개 지역의 경제적, 사회적 삶의 모습은 완전히 뒤바뀌게 될 것이다.

　　물론 대형 댐 건설을 가능케 하는 창조적이고 혁신적인 기술의 가치와 불굴의 인간 의지는 과소 평가할 수 없다. 자연의 한계를

제3세계 국가에 대한 유엔 개발 원조 프로그램에 의해

세계은행이나 IMF가 자금을 지원하는

대규모 건설 사업의 최대 수혜자는

늘 북미, 서유럽, 일본의 다국적 기업들인데,

그런 기업들은 세계은행과 IMF를 재정적으로 지원하고

있다는 사실을 염두에 둘 필요가 있다.

결론적으로 말하면 대형 댐 건설은

댐이 건설되는 나라의 국민들보다는

선진국 기업들에게 너 득이 되는 일이다.

극복하려는 인간의 도전 정신은 아무리 세월이 가도 결코 사그라지지 않을 것이다.

그러나 댐 건설 공사의 속사정을 들여다보면 결코 그 같은 형이상학적 이상에 의해서만 댐 건설이 환영을 받는 것은 아니다. 제2차 세계 대전 이후 댐 건설을 포함한 모든 대규모 공익 사업이나 건설 사업에는 여러 분야가 참여하여 막대한 이익을 챙겼다. 건설 회사, 전기 회사, 금융 회사, 컨설팅 회사, 물류 운송 회사 등이 그 과정에 참여하여 이익을 보기 때문에 이런 기업들 모두가 하나 되어 그 같은 공익 사업이나 건설 사업을 부추기는 경향이 있다. 특히 후진국의 최근 건설 현황을 보면 이 같은 현상이 두드러진다.

제3세계 국가에 대한 유엔 개발 원조 프로그램에 의해 세계은행이나 IMF가 자금을 지원하는 대규모 건설 사업의 최대 수혜자는 늘 북미, 서유럽, 일본의 다국적 기업들인데 그런 기업들은 세계은행과 IMF를 재정적으로 지원하고 있다는 사실을 염두에 둘 필요가 있다. 건설 사업이 시행되는 국가의 국민들이 얻는 이익이 건설, 관리, 컨설팅 회사들이 얻는 이익에 비해 적다는 사실만이 문제가 되지는 않는다. 그 같은 건설 사업으로 인해 국민들은 이전에 비해 더 많은 외채 부담을 안게 된다. 결론적으로 말하면 대형 댐 건설은 댐이 건설되는 나라의 국민들보다는 선진국 기업들에게 더 득이 되는 일이다.

생수 회사들

병 속에 담아 파는 생수라고 하는 것을 생각해보면 기술 제왕이 현재의 세계를 어떤 시각으로 보고 있는지 알 수 있다. 그들은 현대인들이 무엇보다 중요하게 생각하며 병적으로 집착하는 건강이라는 가치 추구 현상에다가 기술에 대한 사람들의 신뢰를 접목시켰다. 일시적인 풍조인지, 사람들이 지속적으로 추구하는 가치로서 살아남을지 알 수 없지만, 완전한 건강의 추구는 서구 사회의 주요한 목표가 되었다. 아울러 죽음을 극복하고 싶어하는 인간의 염원과도 어느 정도 맞물려, 완전한 건강을 유지하는 데 방해가 되는 것이라면 사람들은 전쟁을 하듯 조직적으로 물리치려고 노력해 왔다.

이 같은 추세에서 깨끗한 물은 가상 중요한 요소로 인식되었다. 생수 회사들은 자신들의 물이 '천연의 물' 이라는 것을 강조할 뿐 아니라(아직은 오염되지 않은 수원에서 채취하여 병 속에 담았으니 그것은 분명하다), 오히려 자연의 물보다 더 '자연수' 라고까지 말한다. '사람이 가공한' 물이 자연의 어떤 물보다 순수하고(이론상으로나 현실적으로나 가능성은 있다) 완전한 건강을 유지하는 데 도움을 준다고 한다. 병 속에 담아 파는 자신들의 물이 수돗물에 비해 맛도 좋고 치유 성분을 포함한 좋은 샘물처럼 질병 치유력도 있다고 주장하는 정도가 아니라, 이제는 생물학적인 관점에서도 탁월하고 제품도 다양하여 기호에 따라 선택할 수 있는 장점도 있다고 말한다.

제조 상품의 세계에서 흔히 '고객의 기호에 따른 제품의 다양화' 라고 부르는 고객의 만족을 위한 노력을 생수업계 역시 해냈다고 그들은 주장한다. 그들이 내 놓는 물은 이제 순수한 물만이 아니다. 부유한 소비자들의 특별한 욕구에 맞춘 물들이 나왔다. 운동 선수들을 위한 물, 노인을 위한 물, 임산부를 위한 물, 유아를 위한 물, 성장기 아동을 위한 물, 이 모든 물들이 연령별 특성에 맞게 건강 증진에 한몫 한다는 것이다. 이런 추세가 계속되면 여러 대륙에서 생산된 물들을 비롯해, 포장 용기의 재질과 용기의 모양이 다른 즉, 수집가들을 위한 물 등 여러 종류의 물을 갖춘 물 음식점이 등장하지 말라는 법이 없다.

네슬레 연구진이 첨가물을 섞어 만들어 낸 물 역시 다양한 연령층의 건강 집착 욕구에 부응하기 위한 것이다. 네슬레는 자사 분유 제품으로 인해 아프리카 시장에서 몇 년 간 실추되었던 이미지를 이 물로 되찾으려고 하고 있다. 무진장한 이익이 보장되어 있는 이 생수 시장에 뛰어드는 기업은 네슬레만이 아니다. 고작 길 옆의 샘에서 물을 길어 병에 담아 파는 수준인 후진국 생수 시장에 관심을 갖고 뛰어드는 기업은 더욱 많다. 현재는 페리에르, 콩트레, 비텔, 볼벳, 쌍 펠레그리노의 브랜드를 보유한 네슬레가 생수 업계의 선두를 달리고 있다. 그러나 다농(에비앙, 볼빅, 프라라렐르, 까농, 빌라 델 수르 등의 브랜드를 보유한 업계 2위), 코카 콜라, 펩시 콜라 등도 점점 출하량을 늘려가고 있다. 보나쿠아라는 거품이 이는 물로 코카 콜라는 30개국 이상의 생수 시장에 진출하였다. 쉐에즈-리오네 데 조, 비방디 같은 기업들도 점점 생수 시장 진출에 관심을 보이고 있다.

생수 업계가 앞으로 또 어떤 제품들을 내놓을지 우리로서는 알 수 없다. 그러나 분명한 사실은 물의 미래가 이익과 경쟁의 논리에만 충실한 그들에게 맡겨진다면 생수 회사, 공공서비스 기업(물, 가스, 전기, 통신 등), 음료수 회사 사이의 경쟁은 더욱 치열해질 것이다. 시장과 자본, 이익의 논리에만 충실한 그들의 인수, 합병 등으로 인해 생존을 위해 물을 얻어 마셔야 하는 인간의 권리 같은 것은 부차적인 문제로 전락하고 말 것이다.

바닷물의 담수화에 희망을 거는 사람들이 있다. 전문가들 가운데는 이미 1960년대 초에 바닷물을 담수화 하여 쓰는 일이 1980년쯤이면 가능해질 것이라고 예견한 사람들도 있다. 바닷물을 마실 수 있는 물로 바꾸는 것은 인류의 오래된 꿈이다. 실현 가능성도 점점 커져가고 있다. 바닷물 1입방 미터를 담수화 하는 데 10년 전에는 10달러의 비용이 들었지만, 현재는 1달러 50센트면 충분하다. 남부 캘리포니아 메트로 상수도국(Metropolitan Water District of Southern California)과 테크니온-이스라엘 기술연구소(Technion-Israel Institute of Technology)가 공동 설립한 헌팅턴 해변의 담수화 공장이 해수 담수화 비용을 1입방 미터 당 60센트까지 떨어뜨렸다며 바닷물의 담수화 실현 가능성을 굳게 믿는 사람들도 있다. 그러나 비용 절감이라는 사실 하나가 물 부족에 시달리는 많은 나라들의 향후 15~20년 사이의 물 문제 해결을 위한 대안이 되지는 못한다.

국가 안보와 국가 전략적 차원의 문제(예를 들어, 담수화 기술이 실용화될 경우 이스라엘은 오히려 바닷물의 담수화를 포기하고 터키에서 물을 싼값에 수입하는 장기 계약을 체결할 가능성이 있다)는 접어두더라도 담수화를 실용화하는 데는 두 가지 장애가 있다. 우선 수백만 입방 미터의 바닷물을 담수화 하기 위해서는 엄청난 양의 에너지가 소모되는데, 결국 이산화탄소 배출량을 늘려 지구 온난화를 가속화하게 된다. 다음으로는 바닷물을 담수화 하고 난 폐수를 처리해야 하는 문제이다. 고온의 폐수를 바다에 방류하게 되면 그것은 그대로 해양 오염의 원인이 된다.[76]

　　기술이라는 것이 현실의 문제를 해결하는 데 도움이 되는 것은 사실이지만, 현재 물을 얻어 마시지 못하는 14억 명의 물 마실 권리를 보장해주지는 못한다. 또 점점 확대되고 치열해질 것으로 예상되는 국가 간 대립을 해결하지도 못한다. 진정한 해결책은 이미 1장에서 보았듯이 정치적, 문화적, 사회적, 경제적 변화를 통해서만 모색될 수 있다. 그렇기 때문에 그것을 '21세기의 첫 번째 혁명' 이라고 불렀던 것이다.

3장
새로운
미래의 건설

THE WATER
MANIFESTO

세계 물 협약(World Water Contract)

지금까지 우리는 지난 50여 년 동안 눈부신 과학 기술의 진보와, 많은 자본의 투입을 통한 경제적 노력에도 불구하고, 왜 인류에게 물 문제가 심각한 상태로 남아 있는지 그 이유를 살펴보았다. 나라에 따라 생활 수준이 다르고(스칸디나비아 반도의 나라들과 인도), 사회 구성원들의 소득 격차(부자와 빈자), 지역적 차이(서울과 퀘벡), 물의 용도(관개 용수, 산업 용수, 가정 용수) 등은 달라도 물 문제에서 벗어날 수 있는 사람은 없다.

우리는 또한 물 문제가 인간 사회와 지구 생태계 사이의 관계와 그 안정성에 영향을 미치기 때문에 직접적이든 간접적이든 우리 모두와 관계 있다는 사실도 알게 되었다. 원자력의 활용이 자신과는 아무 관계가 없다고 말할 수 있는 사람이 있을 수 없듯이, 개인적으로나 집단적으로 물 문제는 자신들의 문제가 아니라고 말할 수 있는 사람은 아무도 없다. 비록 생수로 수영장을 가득 채우고 수영을 하는 사람이라고 할지라도 말이다.

이제 우리가 무엇 때문에 세계의 80억 인구(20년 후 이 지구에 살게 될 사람들의 숫자로, 현재 추세가 그대로 이어진다고 볼 때 안전한 물을 얻어 마시지 못할 30억 명에 물 부족과 수질 악화로 고통을 겪을 나머지 50억 명을 합친 바로 그 80억 인구)를 세계 물 협약의 출발점으로 삼는지 이해할 수 있을 것이다. 세계 물 협약은 심각한 상황에 처한 물 문제를 해결하기 위한 여러 단체, 그리고 국제 기구들이 벌이고 있는 일련의 운동 가운데 하나이다.

인류가 직면한 물 문제의 심각한 3가지 국면

현재 인류가 직면한 물 문제는 다음과 같은 3가지 국면으로 나누어
볼 수 있다.

1. 현재 14억 명의 인구가 마실 물을 충분히 얻어 마시지 못하고 있으며,
   20억 인구가 충분한 물을 얻어 쓰지 못하고 있다.

세계 물 협약이 중요하게 생각하는 문제는 앞으로 20년 후 인구 1
백만 명 이상을 보유하게 될 세계의 650개 대도시(이 가운데 600개
가 가난한 나라들의 도시이다)에서 물을 얻는다는 일이 너무 어려
워 위기 상황이라고 불러야 할 지경에 처하게 될 것이라는 점이다.
이미 앞의 여러 장에서 언급되었듯이 그 이유는 무질서하고 급속한
도시의 확대 및 팽창, 물 공급 상황을 개선하기 위한 인프라에 투자
하기보다는 국방이나 지배 계층의 이익과 소비 생활에 도움을 주는
분야에 먼저 투자되는 국가 예산 등이다.

2. 지구 생태계와 인간 생명의 기초 자원이라고 할 수 있는 수자원의 파괴와
   수질 악화가 심각하다.

많은 이유가 있지만 그 가운데서도 다음의 요인들이 수자원의 파괴

와 수질 악화에 결정적인 역할을 한다.

- 집약적 기업농의 농업용수 사용(엄청난 양의 물 낭비를 초래하고 지하수의 염도를 높인다).
- 산업 용수와 도시 생활용수 가운데 낭비되는 물의 부적절한 관리, 혹은 관리 부재로 인한 오염.
- 수자원 생산과 공급, 소비의 비효율적 체계로 인한 과도한 수자원 소비.
- 무분별한 대형 댐의 건설(전 세계적으로 4만 개 이상의 댐이 있다).
- 인간이 초래한 자연 재해의 장기적 여파(가뭄, 홍수, 산사태, 댐의 붕괴 등).

지금까지는 산업 활동으로 야기되는 오염과, 도시 생활용수의 관리 미비 혹은 관리 부재만큼 주의를 끌지 못했지만, 이제는 더 이상 방치할 수 없는 대상으로 떠 오른 두 요인이 있다. 집약적 기업농의 물 낭비와 오염, 그리고 대형 댐의 건설이 그것이다.

3. 각국 정부나 지방 정부 차원의 효율적 수자원 관리 체계가 미흡한 데다가 평등과 화합에 바탕을 둔 수자원 정책을 추구하려는 사람들이 부족한 현실에서 세계적으로 받아들여질 만한 수자원 관련 원리 원칙이 없다.

물은 모든 인간에게 필수적인 자원이라는 인식이 점차 확산되어 가고, 수자원 관련 유엔 기구나 국제 기구, 민간 단체들이 모두 인간이 물을 얻어 쓸 권리 확보를 자신들의 활동 목표로 설정하고 있긴 하지만 모든 국가들에게 법적 강제성을 띨 수 있는 세계적 차원의 수자원 관련 기본법이 마련되어 있지 않은 것이 현실이다. 이 같은 법이 현재로서는 너무나 부족하다. '식수 및 하수처리를 위한 10개년 계획'(International Decade of Drinking Water and Sanitation)이 끝난 후 두 가지 국제 회의에서 수자원 관리에 관한 규약을 마련하고 합의한 일은 고무적이긴 하지만, 그 같은 규약의 실천을 지휘·감독할 권한을 지닌 실질적 국제 기구를 마련하지는 못했다.

또 다른 안타까운 상황은 대부분 선진국에서 중앙 정부니 지방 정부 혹은 지역 공동체들이 수자원 생산, 공급, 처리, 보존 과정에서 영향력을 상실해가고 있다는 사실이다. 이미 살펴보았듯이 물은 점차 공적 자산에서 경제적 자산으로 성격이 변해가면서 소유권과 관리권이 자본주의 시장경제 원리에 따라 움직이고 있다.

위와 같은 물 문제의 3가지 상황을 초래하는 이유들 가운데 다음의 이유들은 좀더 의미 있게 짚어볼 필요가 있다.

- 수자원의 소유권과 활용권은 개별 국가의 독점적 권리라는 인식: 이 같은 인식이 극단적일 경우 나라와 나라 사이에 수자원을 둘러싼 전쟁이나 대립이 일어나게 된다.
- 각국 지방 정부에서 특히 두드러지게 나타나는 현상으로 공적 부

문의 재정 상태가 취약하여 수자원이라는 공적 자산의 소유 및 관리권을 유지하기가 힘들다.

- 공적 부문(정부나 의회)이 자원의 할당과 그 자원으로 인해 생성된 부를 분배하는 책임을 떠맡기를 회피하면서 민간 부문(다국적 기업이나 국제 금융 기관)으로 넘어가는 추세.
- 수자원 관리의 민영화를 촉구하는 세력들의 득세.

위와 같은 이유들을 보면 세계 물 협약이 우선 비중 있게 추구해야 할 일이 다음 3가지로 압축된다.

(1) 세계의 수자원 관리를 위해 법적 구속력이 있는 수자원 관리법 마련을 위한 기초 작업 실시
(2) '물을 통한 평화'를 구현할 효과적 대책 마련
(3) 적어도 각 지역 공동체와 '물 의회'가 참여하는 민주적인 수자원 관리체계의 도입과 지속적 개선.

다음의 표는 지금까지 살펴 본 물 문제의 유형과 주 원인, 그리고 시급히 처리해야 할 부분을 정리해 놓은 것이다.

세계의 물 문제 : 가장 시급한 3가지

상황	주 원인	우선적으로 처리할 문제
• 14억 인구가 마실 물을 충분히 얻지 못한다(양의 문제), 20억 인구가 마실 만한 물을 마시지 못한다 (수질의 문제)	• 급속한 인구 증가 • 무계획한 도시의 팽창 • 정부 재정 지출의 후순위 (국방, 소득 증대, 지배 계층의 생활에 편의를 주는 쪽에 우선적으로 투자된다)	• 2020년이면 인구 1백만 명 이상으로 늘어날 아프리카, 아시아, 남미, 구 소련 연방의 600개 도시에 물을 공급하는 문제
• 지구 생태계, 인간, 동물, 식물의 생존에 필수적이며 대체가 불가능한 수자원의 파괴 및 수질 오염	• 집약적 기업농의 농업 용수 사용 • 산업 용수와 도시 생활 용수 사용 및 낭비로 인한 오염 • 물 낭비로 인한 수원의 과도한 개발 및 추출 • 신중하지 못한 대형 댐 확충	• 농업용 관개 용수 • 대형 댐의 필요성에 대한 이문 제기
• 공동의 사회 유산인 수자원 관리에 대한 국가 및 지방 정부의 입지 약화와 세계적 수자원 관리법의 부재	• 민족주의 성향의 지리경제학적, 정치적 전략(자국 영토 안의 수자원에 대해서는 독점적 권리를 주장하기까지 한다) • 공적 부문(정부, 의회, 지방 의회)의 수자원 소유와 관리 책임 회피 및 민간 부문 (점차 다국적 기업화)으로의 권한 이양 • 공공 부문, 특히 지방 정부의 재정 취약	• 세계 차원의 수자원 관리법 마련 및 시행 • 세계 차원에서나 지역 차원에서나 민주적 의사 결정에 따른 수자원 관리를 가능하게 할 기구 마련 (물 의회) • 물을 통한 평화

✠ 자료제공 : 리카르도 페트렐라 (1998)

세계 물 협약을 향하여

이와 같은 위기 상황에서 지금까지 살펴본 지극히 이론적이고, 부분적이며, 협력이 전제되지 않은 해결책들(시장 경제의 원리에 맡겨 두라!, 공정한 시장 가격을 책정하라!, 쓰는 사람이 물값을 부담하는 원칙을 제정하라!와 같은 제안들)을 전적으로 수긍할 수 없을 것이다.

정말 필요하고 효과적인 해결책에는 다음과 같은 내용이 포함되어야 한다.

- 지금까지와는 완전히 다른, 물과 물로 인한 인간 사이의 관계에 대한 시각을 반영한 새로운 법에 대한 존중
- 지역과 세대의 차이를 뛰어넘어 공동체의 화합을 도모하며, 지구 생태계 차원에서 볼 때 안정적인 새로운 수자원 관리 수단의 개발

세계 물 협약이 추구하는 목표는 향후 15년에서 20년 사이에 위의 3가지 물 위기 상황을 근절시키기 위한 해결 방안을 화합과 협력의 바탕에서 마련하여 실행에 옮기는 것이다.

세계 물 협약 역시 지금까지의 다른 국제 회의나 운동들처럼 한 번 서명하고, 발표하고 나면 그것으로 끝인 일회성 행사쯤일 것으로 생각하는 사람도 있을 수 있다. 그러나 그렇지 않다. 세계 물 협약은 살아 움직이는 운동이며 기구로서 갈등과 논쟁, 개혁을 숙

명처럼 헤쳐 나가야 한다. 세계의 엘리트 집단들이 현실과는 동떨어진 자기들 세계의 시각으로 21세기의 현대화와 복지를 위해서는 무엇이 어떻게 되어야 한다면서, 자기들은 실천할 의지도 없으면서 다른 많은 사람에게만 실천을 강요하기 위해서 내놓은 구두선이 아니다. 앞으로 지켜보면 알겠지만, 세계 물 협약은 참여와 연대를 원칙으로 하지 않고는 설자리가 없다. 바로 이런 이유 때문에 세계 물 협약이 의회들(모든 인간 공동체의 대표들이 구성원으로 참가하는 각종 규모의 회의), 직접 민주주의 방식(수자원이라는 유산의 소유권과 관리권을 지역 공동체가 보유하는 방식), 사회 운동 방식(산업계, 금융계, 시민 사회의 협력, 그리고 화합의 강화를 위한 은행, 보험 등 금융 기관과 일반 기업들의 주도적인 참여) 능을 무엇보나 중요하게 생각하고 강조하는 것이다.

세계 물 협약은 개혁과 변화를 모색하기 위한 것이다. 특정 사회 집단이나, 공동체, 대륙의 이해나 이익을 대변하려는 것이 아니다. 그와는 반대로 전 세계 인류 공동체에게 생존할 권리를 부여하고, 이 지구상의 전 인류가 화합의 원칙 아래 물을 써야만 한다는 사실을 이해시키기 위하여 탄생한 것이다.

이 책의 서두에서 21세기 최초의 혁명을 운운한 이유도 이 때문이다.

설립 원칙 : 세계 공동 자산인 물

세계 물 협약은 물이 전 세계의 소중한 공동 유산이라는 인식에서
출발한다.

앞에서 살펴보았듯이 물은 여느 천연 자원과는 그 성격이 다
르다. 어떤 것도 물을 대신할 수는 없기 때문에 물은 사실 자원 이
상의 의미를 지닌다. 그것은 지구 생태계와 모든 생명체에 필수적
인 것이다. 모든 인간은 개인으로나 집단으로나 이 필수적인 자산
을 취할 권리가 있다. 물을 취하고 생존을 위해 물을 보존하는 것은
인류 전체의 일이다. 물은 결코 개인의 전유물이 될 수 없다.

인간의 역사는 물을 쓰고 보존해 온 역사라고 말할 수 있다.
그 역사에는 인간의 지식, 관행, 도구, 조직 등이 융합되어 있다. 그
러므로 그 누구도 그에 대한 배타적 소유권을 주장할 수 없다. 바로
거기에서 공동 유산이라는 물의 성격이 나온다. 물을 취하고 보존
하는 수단과 방법 역시 개인의 문제가 아니고 모든 인류의 공동 책
임이며 과업이다. 그 때문에 공동 유산의 성격은 더욱 강화된다.

그러나 물이 인류의 모든 지역 공동체(촌락, 도시, 지방, 국
가)의 생존에 필수적인 공동 유산이기 위해서는, 물을 사용하는 방
식과 조건 등을 정할 때 물이 전체 지구 생태계의 공동 유산이라는
성격을 지니고 있음을 분명히 인식해야 한다. 따라서 물이 인류의
공동 유산이라는 의식에서 우리가 놓치지 말아야 할 부분은 인류
사회 자체가 하나의 공동체라는 사실이다. 그 때에만 비로소 물이

전 세계인의 공동 유산이라는 개념이 의미를 갖는다.

위와 같은 조건 하에서 물은 사회적 자산, 바꾸어 말하면 지구의 자산이 된다. 그리고 궁극적으로 화합과 지속적 안정의 토대 위에서 다루어져야 하는 대상이 된다.

세계 물 협약의 설립 원칙에 부합하여 모든 인간 공동체는 생존의 욕구와 구성원들의 사회, 경제적 복지를 위하여 물을 취할 권리를 갖는다. 한편 같은 대수층(帶水層) 수원을 공유하거나 다른 대수층 수원의 물을 쓰는 다른 공동체들도 자신들과 똑같은 권리를 갖는다는 사실을 화합과 지속적 평화의 추구라는 차원에서 인정하고 보장해야 한다.

물과 관련되어 양도할 수 없는 권리와 의무는 개인이 아닌 집단의 권리이며 의무이다. 그것은 인류 모두에게 속한 것이다. 이 권리와 의무를 향유하고 실천하는 과정에 수반되는 통제 및 우선 순위의 구별은 인류 공동 유산의 최우선 주체인 전체 인류의 권리와 의무를 위임받은 지역 공동체와 개별 공동체가 수행한다.

그러나 현재로서는 수자원에 대한 주체로서 법적 권위를 인정받는 대상은 개인, 공공 기관, 민간 단체, 국가, 국제 기관 등이다. 전 세계 인류 공동체는 아직 수자원에 대한 권리와 의무의 주체로 인정받지 못하고 있다. 그렇기 때문에 세계 물 협약과 그 설립 원칙이 중요하며, 물에 대한 권리와 책임을 부여받을 전 세계적 행위 주체를 탄생시키기 위한 법을 제정하는 일이 시급한 것이다. 이같은 법이 마련되어 실행된다면 전 세계의 지역 및 개별 공동체들은 지금보다 격상된 지위의 행위 주체로서 권리와 의무를 다하게 될 것이다. 물에 대한 주요한 의무는 후손들의 장래와 직결되는 것으로서 물이 자연의 순환과 재생의 원리에 따라 보존될 수 있도록 하는 것이다.

　　세계 물 협약의 원칙이 실제 적용된 캐나다 퀘벡 주의 사례를 알아보자. 1997년 퀘벡 주 정부는 퀘벡 주의 수자원이 '퀘벡 주민들의 자산'이라고 선포하고, 현재로서는 언제까지 유지될지 알 수 없지만 일체의 민영화 계획을 포기하였다. 이 과정에서 논란거리가 되었던 문제가 있는데, 그것은 외부 즉, 뉴욕이나 캘리포니아에 수자원을 파는 문제였다. 주 정부는 퀘벡 주의 수자원에 대한 재산권이 주민에게 있기 때문에 수자원을 외부에 팔아서 생기는 이익이 있다면 그것은 주민 전체에게 사회, 경제적 혜택을 가져다 줄 수 있는 분야에 투자되어야 한다는 원칙을 분명히 하였다. 그것은 분명 합법적인 접근 방식이었다. 그 같은 접근 방식은 퀘벡 주의 수자원이 전 세계 인류와 미래의 후손들에게서 권한을 위임받아 수자원 보호의 의무를 다하며 수자원 활용권을 향유하는 주민 모두의 소중한 공동 유산이라는 사실을 인정한 것이다. 퀘벡 주의 수자원이 외부에 팔림으로써 생기는 이익의 일부는 이미 설명한 대로 화합에 바탕을 둔 지속적이고 안정적인 수자원 관리와 보존을 위해 물 의회와 같은 세계적 기구 차원의 활동을 지원하는 목적으로 할당되어야 할 것이다.

이처럼 물은 전 인류의 소중한 공동 유산이기 때문에 전통적인 교역의 거래 대상이 될 수 없으며, 외국 자본에 의한 인수 대상이 되어서도 안 된다. 물은 세계무역기구가 제정한 무역에 관한 모든 규약이나 합의에서도 제외되어야 한다. 또한 자본 투자에 관한 어떤 종류의 협약에 관해서도 적용 대상이 될 수 없다. 단지 세계적인 구속력을 갖는 수자원 회의 기구에 의하여 통제되고 보호되어야 한다.

주요 목표

세계 물 협약은 다음의 2가지 주요 목표를 갖고 있다.

첫째 목표는 모든 개인과 공동체가 최소한의 물을 취할 수 있도록 하는 것이다.

모든 개인이 최소한의 물을 취할 수 있도록 한다는 것은 사회적으로 볼 때 인간다운 생존을 위해서 필요한 최소한의 물을 세계 보건 기준에 따른 수질의 물로 얻어 마실 수 있게 한다는 의미이다.

모든 공동체가 최소한의 물을 취할 수 있도록 한다는 것은 공동체의 경제적, 사회적 발전에 필수 불가결한 양의 물을 해당 지역에서 취해 쓰거나, 그것이 불가능할 경우 가깝든 멀든 다른 지역의 물을 화합과 공존의 원리에 따라 얻어 쓸 수 있도록 하는 것이다.

최소한의 물을 취한다는 것은 개인에게나 집단에게나 양도할 수 없는 생득적, 정치적, 경제적, 사회적 권리이다.

이를 위해 필요한 법을 마련하기 위해서는 개별 국가 차원에서나 범세계적으로나 홍보를 통하여 여론의 지지를 얻어 다음과 같은 결과를 이루어내야 한다.

1. 개인이나 집단이 물을 구하기 위한 정치적, 경제적, 사회적 권리를 분명히 할 법적 구속력을 갖는 세계적 회의를 마련하고 발효시켜 보편적 인권 선언으로 이어지게 한다.

똑같은 접근 방식이 인권, 자연권, 소수 인종권을 다룬 다른 종류의 헌장들이나 규약에도 적용되도록 해야 한다. 그것은 곧 스트라스부르그와 파리 선언(Strasbourg and Paris Declarations)과 같은 이미 합의된 국제 회의의 내용을 좀더 확대하고 융통성 있게 만들 것이다.

세계적 차원의 수자원 관리를 위한 범세계적 수자원 회의를 개최할 필요가 있다. 이 점은 지속적이고 안정적 개발을 위한 유엔 위원회 제6차 회의에서 독일의 시민 운동 단체인 환경과 개발 포럼이 발표한 '독일 수자원 정책의 어젠더 21 실행'에서도 강력히 요청된 내용이다.[77]

2. 개별 국가 차원에서는 기존의 수자원 관리법을 개정하거나 새로운 법을 제정해야 한다. 유럽의 경우 유럽 의회가 유럽 위원회와 협력

하여, 물은 전 세계의 공동 유산이며 개인이나 집단이나 모두 최소한의 물을 취할 권리가 있다는 사실을 수자원 관련 법규 안에 분명히 밝혀 놓아야 한다.

이 같은 준비가 갖추어지면 모든 인류가 최소한의 물을 취하는 데 필요한 비용 규모를 밝히고, 그 비용을 충당할 방안을 구체적으로 모색할 수 있게 된다. 비록 프랑스의 물 가격을 형식적으로는 정부가 책정하는 것처럼 되어 있지만, 시장이라는 체계를 통해 물값을 정하는 일이 결코 물 문제 해결의 열쇠가 되지 못한다는 사실을 우리는 이제 알고 있다. 게다가 시장에 의해 형성되는 가격이 어느 나라, 어느 지역 공동체에나 적용될 수 있는 합리적인 가격처럼 생각하여 그 시장 가격을 기준으로 모든 관련 비용을 산출하는 일은 어떻게든 막아야만 한다.

모든 개인과 집단이 최소한의 물을 얻을 수 있도록 하고, 정수하고, 보존하는 데 드는 비용은 다음의 원칙을 바탕으로 한 가격 산정 체제에 의해 산출되어야 한다.

전 인류 공동체의 위임을 받아 이들을 대신하여 지역의 수자원을 소유하고 관리하는 각 지역 공동체들은 수자원에 대한 자신들의 권리와 의무를 그 무엇보다 비중 있게 다룬다는 전제 하에서, 일정 기간 동안 그 지역 공동체가 최소한의 물을 얻는 데 필요한 비용을 산정한다. 이렇게 산정한 액수를 기준으로 하고 전후 과정에 드는 비용을 더하여 깨끗한 물 공급 서비스와 하수 처리 서비스의 가격을 결정해야 한다. 이 원칙에 덧붙여 화합과 공존을 위해 누진적 가격제를 실시하는 것이 이상적일 것이다.

　누진제를 실시할 경우 개인이나 모든 공동체가 연간 최소한 도로 필요로 하는 양과 수질의 물에 대해서는 가격을 물리지 않는 다. '최소한의 물을 취하는 것은 선택의 문제가 아니기' 때문이다. 그러나 예외적으로 지방 공동체의 결정에 따라 가구마다(성인의 수 나 부부를 기준으로 하여) 물 서비스를 위한 전체 비용의 일부를 충 당하도록 일종의 직접세를 부과하는 방식은 생각해 볼 수 있다. 그 러나 공공 기관, 민간 조직, 단체, 마을, 기업 등은 지역 공동체에 일정 금액을 기여하도록 한다.

　최소로 필요한 양 이상의 물 사용에 대해서는 기준 초과 정 도에 따라 단위 당 누진율이 더 커지도록 한다. 그 다음으로 공동체 의 시각에서 볼 때 지나칠 정도로 과도한 물 사용에 대해서는, 고속 도로에서 법정 속도를 어기는 운전자에 대해 면허 취소나 벌금 등 의 방식으로 처벌을 하는 것처럼 어떤 제재를 가해야 한다.

　이것은 지금까지 주장되어 온 '쓰는 사람이 비용을 부담하 게 하고,' '오염시키는 사람이 비용을 부담하게 하는' 원칙과는 다 른 원칙으로 반드시 실행해야 할 원칙이다. 또 개인과는 비교할 수 없는 산업체(다른 상업 행위로 인한 물 사용도 마찬가지지만)의 물 사용에 대해서는 보다 많은 세금을 물려야 하며 그 세금이 절대로 생산 원가에 포함되지 않도록 법으로 막아야 한다. 이런 누진제의 기본 정신은 모두가 최소한의 물을 취해야 하고, 모두의 공동 유산인 수자원을 함께 쓰고 보존하는 데는 개인과 집단 모두의 공동 노력이 필요할 뿐더러, 단지 돈을 더 낸다고 해서 무책임하고 납득할 수 없는 방식으로 물을 써서는 안 된다는 것이다. 그 같은 행위는 불법으로 간주되어야 한다. 이렇게 하면 물을 낭비했다고 해서 범죄자로 낙인찍히는 식의 극단적인 수단에 의존하지 않고도, 물을 합리적으로 쓰는 문화를 정착시킬 수 있다.

물값을 위와 같은 식으로 정하자는 제안은 세계 도처에서 나오고 있다. 예를 들어 벨기에의 시민운동 단체인 '가스 – 전기 – 물 연대'는 '삼중 가격제'를 주장하고 있다. 기본 요금을 최저한으로 책정하고, 그 다음으로 최저 생활수준에 필요한 정도의 물 사용에 대한 단위당 가격도 최저한으로 정하고(이 부분에 대해서는 공제 요인을 정해 연말정산 방식으로 환불까지 가능하게 하고), 그 이외의 물 사용에 대해서는 점점 누진율이 높아지는 가격제이다.

모두가 최소한의 물을 취하고, 정수하고, 보존하고, 수질을 개선하는 데 드는 비용은 전체로부터 나와야 한다. 그렇게 하자면 개별 국가나 지방 정부는 물론 세계적으로도 물 사용 과정의 탈세나 또 다른 불법 수단(세계화와 자본 흐름의 자유화로 인해 이런 현상이 만연하고 있다) 등을 방지하면서도 부의 공정한 재분배를 가능하게 하는 가격 제도의 도입과 이를 위한 관련법이 제정되어야 한다.

그러나 현실은 그런 방향으로 움직이시 않고 있다. 사회 정의나 경제적 효율, 민주주의의 성숙, 생태계의 유지라는 차원에서 볼 때 안타까운 현실이다.

두 번째 목표는 위에서 이미 언급한 대로 화합의 원리에 바탕을 두고 모두가 동참하는 지속적이고 안정적인 수자원 관리가 이루어지게 하는 것이다. 물을 쓰고 보존하는 과정에서 개인과 집단에게는 다음과 같은 3가지 의무가 부여된다.

첫 번째 의무는 어떤 이유로 인해 일시적이든 항구적이든 물 부족을 겪는 다른 공동체들과 물을 나누어야 하는 의무이다. 세계 수자원 관리법의 원칙에 입각하여 공동체들 사이에 상호 계약을 맺는 일도 가능할 것이다. 강이나 호수 또는 다른 수원에 대해 공동체들 사이의 관계를 규정짓고, 농업 용수나 건강 유지를 위해 필수적으로 요구되는 수량, 또는 필요한 에너지를 얻기 위한 수력 발전 등 공동체들 사이의 중요한 문제들에 대해 협력과 화합의 정신에서 협약을 체결할 수 있을 것이다. 벨기에, 프랑스, 스위스 등에서 흔하게 볼 수 있는 강물 수자원에 대한 협약은 국제적으로 권장되는 삼림 협약과 마찬가지로, 수자원의 분배에 대한 내용은 담고 있지 않기 때문에 아직은 위에서 밝힌 의무를 다하는 수준까지 다다르지 못하였다. 이제 거기에서 한 걸음 더 나아간 협약을 체결할 시기가 무르익었다.

두 번째 의무는 수자원 계승의 의무이다. 우리가 당연한 것으로 여기고 있는 수자원 활용의 자유와 권리를 향유하되, 그것이 후손들의 자유와 권리를 침해하는 수준이어서는 안 된다는 것이다. 적어도 우리가 누리는 수자원 수준만큼, 그리고 할 수만 있다면 더 좋은 상태의 수자원을 후손들에게 물려주어야 한다. 이 의무를 다하기 위해 다른 어떤 것보다 서둘러 수질 안전 지수, 수질로 인한 건강 위험 지수, 수질 안정도 지수를 측정할 수 있는 체계를 도입해야 한다. 대기 오염도, 지구 온난화 정도, 해변 오염도, 지하수 염도 등을 측정하듯이 그런 지수 체계를 도입해야 한다. 유엔개발계획이 제정한 인적 자원 개발 지수나 빈곤 지수가 유엔개발계획이 추구하는 목표를 수행해 나가는 데 중요한 역할을 하듯이, 그 같은 지수들은 수자원 보존의 의무를 다해 나가는 데 많은 도움을 줄 것이다. 관련 분야의 도움으로 이 같은 지수 체계를 확립하게 되면, 각 지역의 지수 자료와 세계적 지수 자료를 총괄하는 수자원에 대한 현실적 정보를 수시로 얻을 수 있음은 물론이고, 수자원의 양과 질을 고려한 적절한 정책을 마련할 수 있게 될 것이다. 유엔 국제환경 감시 체계가 이 일의 적임자라고 생각한다.

　　세 번째 의무는 지구 생태계 보존의 의무이다. 어젠더 21의 18장에는[78] 이를 위해 필요한 거의 모든 내용이 망라되어 있다(특히 수자원, 수질, 수생 생태계 보호를 위한 내용만 따로 묶어 분류한 C항을 참고하기 바란다). 그 내용 그대로만 실천한다면 지구 생태계 보호를 위해서는 더 이상 다른 노력이 필요치 않을 정도이다. 세계 130여 개국 정상들이 합의 서명한 내용이라는 점을 잊지 말아야겠다.

제3장 새로운 미래의 건설

우선적으로 해결할 과제

지금까지 살펴본 바에 따르면 세계 물 협약은 다음과 같은 4가지 과제를 우선적으로 해결해야 한다.

1. 2020년까지 최소한의 물도 취하지 못할 것으로 예측되는 30억 인구가 물을 얻을 수 있도록 한다.

마실 물을 제대로 얻지 못하는 사람의 숫자가 현재 14억 명에서 2020년에는 32억 명에 이를 것으로 예측된다. 이 과제는 단순히 그런 사람의 수가 늘어나지 않도록 한다는 차원이 아니다. 마실 물을 얻지 못하는 사람이 한 사람도 없도록 한다는 것이 목표이다. 물을 '얻을 수' 있도록 한다고 말할 때 우리는 가족 단위를 떠올릴 수 있다(2020년이 되면 세계 인구의 65%가 도시 지역에 거주할 것이다). 그러나 이 말은 현재 서구 사회의 주류를 이루는 핵가족과 주거 방식의 틀에서 이해되어서는 안 된다. 30억 명이 물을 얻을 수 있도록 한다는 말은 개개인의 의미보다는 지금까지 강조해온 대로 공동체를 이루는 사람의 수라는 차원에서 이해해야 한다. 우리는 남들과 더불어 사는 것이다.

2. 물을 통한 평화를 추구한다.

물을 둘러싼 대립을 해소하기 위한 보다 적극적이고 실질적인 조치가 취해져야 한다. 일반 대중은 아직 이 문제에 대해 잘 알지도 못하고 정확히 알지도 못한다. 현재의 '물 전쟁'은 본질적으로 국가 간의 대립이다. 그러나 '물을 통한 평화'야말로 좀더 지속적이며 안정적인 평화를 약속할 수 있다. 물로 인한 국가 간의 대립을 해소하는 데는 2가지 사회적, 정치적 세력이 큰 역할을 할 수 있다.

- 세계적 주요 종교(불교, 가톨릭, 회교, 개신교, 정교회, 신도, 유대교, 힌두교 등)와 연대 형식의 공동체 및 시민 운동 단체의 역할은 현재로서는 미약하다. '물을 통한 평화'를 달성하기 위해서는 위와 같은 종교 및 시민 단체들이 좀더 목소리를 높이고, 많은 영향력을 발휘해야 한다.[79]

- 의원들이나 입법학자들이 좀더 많은 세계인들로 하여금 '물을 통한 평화'에 관심을 기울이도록 이끌어야 한다. 인권이나 평화, 소수 민족의 권리, 지속적이며 안정적 개발을 위한 각종 선언이나 헌장 등에 서명하고 그런 것을 공표한 행정부 내의 정치인들보다는 입법계의 사람들이 더 실질적인 역할을 할 수 있다.

3. 물의 낭비를 줄이고, 관개 방식을 바꾸고, 대형 댐 건설을 막는다.

집약적 기업농들의 관개 방식이 수자원에 미치는 폐해는 관계 전문가들 사이에 이미 널리 알려진 사실이다. 문제는 각국의 관련 행정부서들이 국제적 협력을 통해 농업용수 사용에 있어서 물의 낭비를 줄이고 오염을 방지할 수 있는 법적 기준을 마련하여 제공하지 못한다는 데 있다. 우선적으로는 물의 낭비를 근본적으로 없애고 오염도 최소화할 수 있도록 작물에 한 방울, 한 방울 직접 물을 주는 관개 방식을 보편화해야겠지만, 영농 방식의 근본적인 변화가 있어야 한다.

대형 댐 건설로 인한 폐해를 막는 일 또한 시급하다. 점점 더 많은 전문가, 사회 운동 단체, 지역 공동체들 사이에 대형 댐 건설을 중단해야 한다는 견해가 세계적으로 퍼져 나가고 있다. 지역 공동체의 농업 용수, 산업 용수, 생활 용수를 모아, 이를 보존하고, 공급할 수 있는 소규모 댐들로 대체하자는 의견이 진지하게 대두되고 있다.

4. 2020년이면 인구 1백만 명이 넘을 남미, 아시아, 아프리카, 구 소련 연방의 600개 도시에서 물 부족으로 고통받을 사람들에 대한 대비가 있어야 한다.

2020년이 되면 세계 인구 80억 명 가운데 3분의 2가 남미, 아시아, 아프리카의 인구 1백만 명 이상의 도시 600곳에서 생활하게 될 것인데, 그 가운데 10억 명의 사람에게는 하루하루 목숨을 부지하는 것만도 힘겹고 어려운 일이 될 것이다. 그런 사람들은 물이 없어 갈증에 시달리고, 질병과 극심한 빈곤에 시달리고, 인간으로서의 자긍심도 느끼지 못하고, 그들의 삶 자체가 사회적으로나 환경적으로 극심한 고립을 겪는다 하더라도 그 문제를 스스로 해결할 자금도, 기술도, 경제력도 없을 것이다. 이 우려되는 미래 상황에 대해서는 이미 유엔개발계획, 세계 보건기구, 세계 식량농업기구, 유니세프, 해비태트 II(Habitat II), 세계은행 등이 여러 차례에 걸쳐 경고한 바 있다.

세계적으로는 부가 신장된다고 하더라도, 점점 더 많은 사람이 가난해지고 기본적인 생존권마저 점점 요원해진다면, 그것이 무슨 의미가 있겠는가? 세계 전역에서 생성된 부의 대부분이 이미 거의 모두를 가진 사람들에게만 독점된다면 비방디, 리오네 데 조, 네슬레, 쎄번-트렌트, 테임즈 워터, IBM, 마이크로소프트, GM, 드레스드너 은행, 시티코프 등의 주가가 오른다 한들 무슨 소용이 있는가?

이제 많은 기업들, 예를 들자면 영국의 찰스 황태자가 중심이 되어 시작한 '사회적 의무 실현을 위한 국제 기업인 포럼(Prince Charles International Business Forum for Responsible Care)'에 가입한 기업들이 사회에 대한 책임을 다하고 윤리적으로 손가락질 받지 않는 기업이 되겠다는 뜻을 분명히 하고 있다. 그들이 사회적 책임을 다하고 윤리적인 사업활동을 하겠다는 뜻은 주주만을 생각하던 과거에서 벗어나, 이제는 이해 관계자(종업원, 고객, 공급업자, 소비자 그리고 공공 기관) 정도까지는 생각하겠다는 의미인가? 아니면 앞으로 20년 후면 닥칠 사회의 심각한 문제까지 생각할 정도의 책임감과 윤리의식을 갖겠다는 뜻인가? 후자를 뜻하였다고 믿고 싶다. 마실 물도 없어 허덕이고, 하수처리를 제대로 하지 못해 비위생적인 환경에서 고통받는 세계의 빈곤한 도시 600곳의 문제를 해결하는 것이야말로 선진국의 제조 기업들과 금융 회사들이 사회적 책임과 윤리를 다하고 있다는 사실을 웅변적으로 증명해 보이는 길이 아닐까?

이 모든 것의 실현을 위하여 : 무엇을 할 것인가?

세계 물 협약이 추구할 원칙을 세우고, 주요 목표를 설정하고, 추진할 과제를 선정하는 것만으로 모든 것이 끝난 것은 아니다. 원칙과 목표가 공감을 얻고 현실적으로 달성되기 위해서는 이에 맞는 실천 방안을 확립하여 실시하고, 그에 동참할 사람들과 단체의 도움을 얻어야 한다.

세계 물 협약은 다음과 같은 근본 정신에서부터 출발한다.

장기적 관점(세대 간의 결속, 최소 20년 이상 지속될 운동 방향의 설정), 대동 단결(우리는 경쟁에서 승리한 자가 모든 것을 갖는다는 승패의 철학 대신, 모두를 위한 최고의 해결책은 협조에서 얻어진다는 윈-윈 원칙을 믿는다), 공동체 정신(인류의 공동 유산인 수자원 관리와 보호를 위해 세계 공동체의 위임을 받아, 세계 공동체 대신 지역 공동체가 구성원 각자와 집단 전체로서 권리를 누리고 의무를 다한다), 전 세계적(우리 사회의 미래는 우리 모두의 미래이다, 시장과 금융의 세계화만이 현실이 아니다, 강과 수원을 초월한 화합과 안정의 세계화도 가능하다), 미래 지향(우리가 추구하는 운동의 궁극적 목적은 지구 생태계라는 세계적 차원에서 인류 공동체, 그리고 인류 세대 간의 화합과 평화, 공존을 모색하고 강화하려는 것이다).

세계 물 협약이 제안한 실천 방안들은 다음 4종류의 사회단체 및 집단의 지지와 헌신적 노력, 그리고 협력을 필요로 한다.

- 의원 및 입법학자
- 시민 사회 단체와 공동체 운동
- 과학자, 지식인, 언론
- 노조

이들 단체 및 집단에게 요구되는 일은 다음과 같다.

- 정부와 주요 경제 활동 기구(무엇보다 대기업)들에 압력을 가해야 한다.
- 여론을 조성하고 동원해야 한다(특히 교육 분야, 직장, 소비자, 소기업 웹 사이트 등에서).
- 입법, 가치관, 경제 활동, 사회 활동 등에서 개혁과 혁신을 촉구해야 한다.

시간이라는 면에서 볼 때 2가지 행동이 우선적으로 취해져야 한다. 첫째, 세계적인 '인간을 위한 물(Water for Humanity)' 운동 단체를 설립하는 것이다. 주로 시민 운동 단체(기업계에 존재하는 단체들을 포함해)들과 지역 공동체들로 구성될 이 운동 조직망은 두 가지 범세계적으로 '인간을 위한 물' 캠페인을 조직하고, 실천하고, 촉진하는 역할을 하게 될 것이다. 이 같은 캠페인의 목적은 세계 물 협약의 첫 번째 목표이기도 한 '마실 물이 없어 고통받을 30억 인구에게 물을 마실 수 있도록 하는 것'이 될 것이다. 이 캠페인이 취할 운동 방식은 이미 효과적이라고 정평이 나 있는 앰네스티 인터내셔널(Amnesty International), 대인 지뢰 제거 운동에서 성과를 거둔 핸디캡 인터내셔널(Handicap International), 그린피스(Greenpeace), 옥스팜(Oxfam), 그리고 공정한 교역을 위한 메이드 인 디그너티(Made in Dignity) 등의 운동 방식을 취하면 좋을 것이다.

'모두를 위한 물(water for all)' 이라는 문제는 이미 스위스에이드(Swissaid), 헬베타스(Helvetas), 인간 진보를 위한 재단(Foundation for Human Progress), 세계 자연 재단(Worldwide Fund for Nature)을 비롯한 다른 많은 지역, 국가 혹은 국제 단체나 기구들의 주요한 관심사가 되었다. 이런 모든 단체들의 운동이 시너지 효과를 내고 가시적 성과를 내도록 하기 위하여 범세계적인 '인간을 위한 물' 운동은 국가에 따라 성격을 달리 하는 2가지 캠페인을 벌일 필요가 있다.

이 같은 맥락에서 '인간을 위한 물' 운동에 관련된 조직은 세계 물 협약의 네 번째 과제이기도 한 '2020년 인구 1백만 명 이상을 보유할 남미, 아시아, 아프리카 600개 도시에서 마실 물이 없어 고통받을 이들을 돕기 위한' 실질적 운동에 착수해야 할 것이다.

이 운동에 협조할 수 있는 다른 단체나 조직들도 위의 과제 해결에 최우선 관심을 두고 동참할 수 있도록 유도해야 할 것이다. 그런 단체나 조직으로는 은행, 금융회사, 그리고 신용협동조합 같은 단체들을 들 수 있는데, 역사적으로 보면 이런 조직들의 출발 정신은 분명 상호 협력이었다. 이 운동에 공감하고 적극적으로 참여하는 일부 은행, 금융 회사, 신용협동조합들은 전체 금융 기관이 하루에 벌어들이는 국제 금융 거래 이익 가운데 0.01%를 600개 도시를 위한 물 기금으로 적립하는 운동에 동참하도록 유도하는 역할을 할 수 있을 것이다. 이런 기금은 기금 출연자들이 스스로 관리하되, 용도만은 문제의 600개 도시의 물 공급과 하수처리를 위한 공공 혹은 민간 인프라 구축에 투자되도록 해야 한다.

일종의 자진 과세라고 할 수 있는 이 제안은 세계 물 평의회(World Water Council)가 제안한 '세계 물 기금(World Water Fund)'과 같은 종류라고 할 수 있다. 그럼에도 불구하고 두 조직의 원칙이 다르고, 실천 방식이 다르고, 행동 주체와 장단기의 성과가 다르기 때문에 결과적으로 다른 것일 수밖에 없다.

그것은 또 국제 투기와 탈세를 막기 위한 유명한 토빈세(Tobin Tax : 모든 국제 금융 거래에 부과되는 0.25%의 세금)와도 다른 것이다. 우리가 제안한 기금은 무엇보다 기금의 출연자들이 스스로 기금의 집행권을 행사한다는 점이 다르다. 이 제안은 이해 관련자 모두에게 사회적 책임을 다하고 윤리적 기업 활동을 하겠다고 천명한 산업계와 금융계 기업들의 발언을 진지하게 받아들였다는 데 의미가 있다. 그것은 현재의 물 기업들이나 국제 금융 기관들, 그리고 여러 나라 정부들이 제안하고 추구하는 공공 부문과 민간 부문의 제휴 형태(그 한계와 모호성에 대해서는 이미 앞 장에서 살펴보았다)와는 사뭇 다르다. 우리의 제안은 넓은 의미의 금융 회사들이 자신들의 주주에게만 부가가치를 나누어주는 대신 세계의 600개 도시에도 일부 기여를 하도록 하는 것이며, 마실 물을 공급하고 하수처리를 하는 것과 관련된 서비스를 제공할 수 있는 기업들(예를 들어 건설 회사 등)이 협조와 나눔의 정신으로 동참하도록 하는 것이다.

세계 물 협약의 두 번째 과제는 '물 의회 네트워크(network of parliamentarians for water)'의 설립에 관계된 것이다. 세계 여러 나라를 대표하는 의원들이 의회를 구성하여 의회 성격의 기존 세계 회의 네트워크와 연계하여 다음과 같은 행동을 취할 것이 시급히 요구된다.

- 세계적으로 영향력 있는 일간지들에 왜 '물 의회'가 '세계의 공동 유산인 물이 모두를 위한 물'이 되게 하는 데 헌신하려고 하는지 공개적인 입장을 밝혀야 한다.
- 세계 물 협약의 두 번째 목표를 달성하는 데 실질적 도움이 될 '물을 통한 평화(Peace through Water)' 회의를 개최하여야 한다. 이 같은 회의는 유네스코가 뉴 밀레니엄 선언의 내용에 따라 추진하고 있는 일들과 통합되도록 해야 할 것이다. 한편 1492년 이래 물에 대한 국제적 사법권을 유지, 행사해오고 있는 '워터 트리뷰널(Water Tribunal)'이 위치한 발렌시아에서 그 같은 회의가 개최되도록 하는 일 역시 또 다른 상징적 의미를 부여할 수 있을 것이다. '물 의회(Water Parliaments)'가 '물을 통한 평화' 회의를 개최함으로써 실제 추구하는 것은 진정한 의미의 '세계 물 사법 재판소(World Water Tribunal)'와 '물에 대한 경제적 · 사회적 권리 수호

를 위한 세계 본부(World Centre for Economic and Social Water Rights)'를 발족시키는 것이다.

수자원을 함께 나누고 관리하는 문제로 인해 갈등을 겪는 나라들 사이의 대립을 해결하는 일의 중요성과 시급함은 재차 강조할 필요조차 없다. 상징적 의미를 갖는 발렌시아에 자리잡게 될 '세계 물 사법 재판소'는 바로 그 문제 해결을 주 임무로 떠맡게 될 것이다.

'물에 대한 경제적·사회적 권리 수호를 위한 세계 본부'를 발족시켜야 하는 이유는 이 장의 서두에서 밝힌 것처럼, 법적 구속력이 있는 수자원에 대한 세계적 관행의 기준이 될 법체계의 필요성 때문이다. 이 같은 기구는 여러 나라의 일반 대중, 그리고 노소들의 지원을 받아 탄생하고 유지될 수 있다. 수자원을 사회의 공동 유산으로 인식하게 하고, 특히 현실을 방치할 경우 혹독한 고통을 겪게 될 600개 도시에서 그 같은 인식이 뿌리내리게 하고, 그 같은 인식이 입법에 반영되도록 하는 데, 또 세계 물 협약의 주요 목표를 달성하는 데에 노조들의 역할은 매우 중요하다. '물에 대한 경제적·사회적 권리 수호를 위한 세계 본부'와 같은 기구는 세계 차원의 수자원 관리법을 마련하기 위한 조사와 연구를 실행하는 역할을 맡을 수 있다.

'세계 물 의회(World Water Parliament)' 설립을 위한 운동은 가능한 한 빨리 전개되어야 한다. 초기 단계의 운동에는 물 관련 문제에 대한 세계 차원의 공청회가 포함되어야 한다. 공청회는 한 나라

또는 몇 개국 의회의 공동 개최로 3년이나 4년에 한 번씩(올림픽이나 월드컵처럼 매번 개최지를 변경하되, 개최권은 개최 신청을 한 나라들에 대한 투표로 결정한다) 개최하고, 개최 기간은 1주일 정도로 하며 참가 인원은 최소 1만 명에서 1만 5천 명 정도로 해야 할 것이다. 이 같은 공청회는 세계 차원에서 본 수자원에 대한 권리 향유와 의무 이행의 현실 분석, 현실 문제에 대한 이해의 도모와 이해의 증진, 화합의 원리에 입각한 지속적 효력이 있는 대안의 모색과 강화 등을 목적으로 할 것이다.

이 같은 공청회의 목적과 '물을 통한 평화' 라는 대의 명분을 함께 고려하여, '세계 물 의회' 에 관련된 의원들은 수자원으로 인한 대립 양상을 보이면서도 그 동안 다른 해결책으로는 문제를 해결하지 못한 나라들 사이의 문제를 해결하기 위해, '국가 간 수자원 문제 해결을 위한 의회' 를 별도로 구성하도록 관련 당사국들을 설득할 수도 있을 것이다. 이 과정에서도 관련 당사국들의 노조들이 화합의 원리에 입각하여 견인차 노릇을 할 수 있다.

지금까지의 제안들에 대해 현실주의자들은 분명 계획은 멋지다고 말할 것이다. 멋진 계획이라는 말에는 우리도 찬성한다. 그러나 우리는 덧붙인다. 이러한 제안들은 이상적인 만큼 또한 현실적이라는 사실을. 이 같은 제안들이 실천에 옮겨지도록 우리는 세계 물 협약이 '세계 물 협약 협회(World Water Contract Association)' 로 발전하여, 가급적 빨리 '인간을 위한 물' 운동 단체들과 '물 의회' 네트워크가 탄생되기를 바란다.

THE
WATER
MANIFESTO

민주와 화합의 시간

수자원의 관리권은 수자원의 진정한 주인에게 넘겨져야 한다. 수자원의 진정한 주인은 이 지구라는 행성에 사는 인간이라는 존재이다. 수자원의 관리권은 국가 체제, 시장, 기업, 주주 등이 소유해서는 안 된다. 그것은 작게는 마을 단위에서 시작하여 크게는 지구촌이라는 개념으로 이해할 수 있는 인류 공동체에 속한 것이다.

그러나 이 책에서 보았듯이, 물이 인류 공동체의 것이라고 선언하는 일로써 만사가 해결되지는 않는다. 그런 선언을 한다고 해서 사람들이 수자원을 합리적이고, 효율적이며, 협조적으로, 그리고 장기적으로 안정되게 활용할 것이라고 보장할 수는 없다. 물의 문제는 사실 민주와 화합의 문제이다. 보통 사람들의 생활 공동체에서부터 위의 단계로 확대되는 모든 인간 공동체에 이르기까지, 민주라는 가치와 화합의 원리가 공동체를 지배하는 요소로 작용하지 않을 때, 물은 오히려 사회적 차별과 불공정의 원인이 된다.

오늘날 물은 많은 위험 요소를 안고 있는 중요한 자원으로 대두되었다. 위험 요소들로는 물 부족, 오염, 낭비(물이 보편재라는 인식이 확산되면서 줄어들기는 하였지만), 여전히 남아 있는 불평등, 차별, 공동체와 세대 사이의 무력 충돌 그리고 갈등 등을 들 수 있다.

이제야말로 크고 작은 모든 인류 공동체가 민주와 화합의 원

생 명 을   지 키 기   위 한   물   선 언

THE
WA

물은

상품이
아니다

수자원 관리를 결코

자본이나 시장의 논리에 맡겨서는 안 된다.

그들은 인간의 기본권인 생존권을 단지 지불 능력이 있는 사람,

은행 잔고가 있는 사람, 유형 자산이 있는 사람,

주주들에게만 인정할 것이기 때문이다.

인간이 현재나 미래, 언제든지 안전한 물을 얻어 마시면서

생존할 수 있는 기본권을 되찾기 위해서는,

인간의 모든 행위를 상품화하고 모든 재화와 용역을 사유화하려는

현재의 추세에 제동을 걸고 방향을 돌려놓아야 한다.

리에 따라 물을 취수하고, 저수하고, 정수하고, 활용하고, 보호할 때이다. 민주라는 원칙을 배제하고는 치수라는 개념 그대로 물을 다스릴 수 없다. 생존을 위한 권리인 마실 물을 얻어 마실 권리가 모든 사람에게 보장될 수 있도록 하는 일은 바로 민주 사회의 시민권과도 관계된 것이다.

수자원 관리를 결코 자본이나 시장의 논리에 맡겨서는 안 된다. 그들은 인간의 기본권인 생존권을 단지 지불 능력이 있는 사람, 은행 잔고가 있는 사람, 유형 자산이 있는 사람, 주주들에게만 인정할 것이기 때문이다. 인간이 현재나 미래, 언제든지 안전한 물을 얻어 마시면서 생존할 수 있는 기본권을 되찾기 위해서는, 인간의 모든 행위를 상품화하고 모든 재화와 용역을 사유화하려는 현재의 추세에 제동을 걸고 방향을 돌려놓아야 한다. 결코 쉽지만은 않은 일인데, 그렇기 때문에 21세기 초반이 무척 중요한 시기이다. 그럼에도 불구하고 경제협력개발기구(OECD)가 주관하여 개최하려던 다자간 투자협정(Multilateral Agreement on Investments)이 일반 대중의 강력한 반대에 부딪혀 무산된 일이나, 통화, 금융, 경제, 사회 각 분야의 국내외 문제들을 자신들의 본래 소임인 정치력으로 해결하려고 하는 정치 지도자들이 늘어나는 추세 등은 희망적인 징조이다. 이 같은 징조들은 지금 문제가 되고 있는 현실을 개선할 새로운 길, 새로운 방식이 우리 앞에 있음을 깨닫게 한다.

물에 대한 선언(The Water Manifesto) : 요약

세계 물 협약

설립 원칙

물은 지구촌의 소중한 공동 유산이다

주요 목표

(1) 모든 개인과 공동체가 최소한의 물을 취할 수 있도록 하는 것이다.
　(최소한의 물을 취한다는 것은 개인에게나 집단에게나 양도할 수 없는 생득적,
　정치적, 경제적, 사회적 권리이다.)

(2) 화합의 원리에 바탕을 두고 모두가 동참하는 지속적이고 안정적인
　수자원 관리가 이루어지게 하는 것이다.
　(전 세계의 다른 인류 공동체와 후손, 지구 생태계에 대한 개인과 집단의 의무,
　나눔과 보존의 원리)

향후 20년 동안 집중적 노력을 기울일 문제들

첫째 목표 달성을 위해	둘째 목표 달성을 위해
• 30억 명에 달하는 세계의 가난한 이들이 물을 얻어 마실 수 있게 함	• 물 낭비를 줄임 (현재와는 다른 관개 방식, 대형 댐 건설 포기)
• 물을 둘러싼 대립의 해소 (물을 통한 평화)	• 2020년에서 2025년 사이에 인구 1백만 명 이상을 보유할 650개 도시에 하수처리 시설이 갖추어지게 함 (살 만한 도시)

실천 제안 요약

무엇보다 먼저 실천해야 할 일은 두 가지 조직 체계를
탄생시키는 것이다.

1

**세계적으로
'인간을 위한 물'
운동 단체들의 설립**

(1) 전 세계의 '인간을 위한 물' 운동 단체들은 두 가지 운동을 벌인다. (a)마실 물을 제대로 얻어 마시지 못할 30억 인구에게 마실 물을 제공하는 운동을 한다. 이 운동은 전 세계 여러 도시에서 동시에 일어나야 한다.

(b) 2020년이면 인구 1백만 명 이상을 보유할 아시아, 아프리카, 남미의 도시들이 하수처리 능력을 갖춘 살만한 주거 환경이 되도록 만든다. 이를 위해 세계의 금융 기업들(은행, 보험, 신협 등)에 매일 국제 금융거래에서 발생하는 이익의 0.01%를 적립하여 600개 도시의 환경 개선을 위한 기금으로 조성할 것을 제안한다.

(2) '물 의회' 의 발기인들은 다음과 같은 일을 실행에 옮긴다.

- 10~12명의 발기인들이 서명한 '세계에 보내는 편지' (세계 물 협약의 요약 2쪽분)를 공표한다.

- '물을 통한 평화' 회의를 개최한다(발렌시아에서).

2

**'세계 물 의회'
네트워크 구성**

- '세계 물 의회' 설립을 위한 운동을 전개한다. 초기 의원들은 각국 국회에서 지명한다.
- 국가와 국가 사이의 공유 수원 215 곳의 수자원 문제를 협의할 물 의회가 관련 당사국들 사이에 설립되도록 촉진한다.
- 노조 및 '물에 대한 경제적·사회적 권리 수호'를 위한 포럼이나 기구 등과 협력하여 '세계 물 사법 재판소'가 탄생되도록 한다. '물에 대한 경제적·사회적 권리 수호'를 위한 포럼이나 기구는 '세계 물 의회' 및 30억 인구의 마실 물 획득을 위해 일하는 관련 단체들과 협력하여 '세계 물 보고서(World Water Report)'를 작성한다.

위와 같은 모든 일들이 실천에 옮겨지도록 하기 위해, 세계 물 협약 협회가 설립되도록 한다. 초기에는 최소한 리스본, 리우데자네이루, 라바트, 로스앤젤레스, 뉴델리, 발렌시아, 몬트리올, 베를린, 부에노스 아이레스, 파리, 브뤼셀, 다카르, 도쿄 등지에서 협의회가 설립되도록 한다. 이 협의회는 행정적, 실무적, 전문적 성격을 띠게 될 것이다. 세계적인 조직망이 갖추어지면 이 협의회는 '물에 대한 경제적·사회적 권리 수호를 위한 세계 본부'와 긴밀한 협조 아래 2년마다 '세계 물 보고서'를 간행할 것이다. 그 간행 비용은 일반 대중의 구독료로서 충당될 것이다.

> 주로 시민 운동 단체들과 연계한 운동 조직망을 마련한다.

물 문제를 전문으로 관장하는 국제 기구

- International Water Secretariat (몬트리올)
- International Water Office (파리, 리모지)
- International Water Resources Association (남 일리노이 대학교)
- Stockholm International Water Institute (스톡홀름)
- World Water Council (마르세이유, 몬트리올)
- International Water Services Association (런던)
- International Basin Organizations Network (파리)
- International Association on Water Quality
- International Association on Water Law (이탈리아)
- International Water Supply Association
- Water Supply and Sanitation Collaborative Council (제네바)
- International Commission on Irrigation and Drainage (뉴델리)
- International Association of Hydroelectricity (로잔)
- International Lake Environment Committee
- Académie de l' Eau (파리)
- University Water Information Network (카본데일, 일리노이)
- Public Service International – Water Programme (파리)
- International University Water Institute (아이젠 프로방스)
- World Resources Institute
- Worldwide Fund for Nature (워싱턴)
- Greenpeace
- Global Rivers Environment Education Network (앤아버, 미시건)
- Third World Centre for Water Management (멕시코 시티)
- International Water Management Institute (스리랑카)
- World Conservation Union

물 문제와 관련된 유엔 산하기구

- UNCSD : United Nations Commission on Sustainable
        Development
- UNDP : United Nations Development Programme
- UNDP and World Bank : Water and Sanitation Programme
- UNEP : United Nations Environment Programme
- UNEP-GEMS : Global Environment Monitoring System
- FAO : Food and Agriculture Organization
- UNESCO : United Nations Educational, Scientific and
        Cultural Organization
- WMO : World Meteorological Organization
- UNICEF : Unitde Nations Children's Fund
- WHO : World Health Organization
- The Economic and Social Commissions of the United
  Nations for the various continents (Europe, Latin America,
  Africa, Asia and the Pacific)
- UNU : United Nations University / International Network on
        Water, Environment and Health

유엔 산하기구가 아닌 기구들

- World Bank
- IMF : International Monetary Fund

주

1. Group of Lisbon, *Limits to Competition*, Cambridge, Mass.: MIT Press, 1995
   Riccardo Petrella, *Le Bien Commun. Éloge de la solidarité*, Brussels: Éditions Labor, 1996

2. Denis Duclos, 'Naissance de l'hyperbourgeoisie,' *Le Monde Diplomatique*, August 1998, pp.16-17

3. 만약 새로운 생명공학기술이 살아 있는 유기체에 특허를 줄 정도로 완전히 규제를 받지 않는 환경에서 급속도로 발달한다면, 제약업계와 화학업계 혹은 어쩌면 농식품 분야의 거대 기업들이 향후 20~25년 사이에 '지상의 제왕' 자리를 차지할 가능성이 큰 것이 사실이다. 모든 것들은 선진화된 사회를 지배하고 있는 단기 혹은 중기적인 정치 개념과 일반적인 인식에 의해 좌우될 것이다.

4. 오늘날의 '정보화 사회'가 차별화를 더욱 부추긴다는 것은 이미 우리의 경험으로 익히 알고 있는 바이다. 실용주의와 운명주의에 길들여진 사람들은 이를 치유하기 어려운 현상으로 받아들이고 있다. 그러나 이러한 흐름을 바꾸고 변화를 이루기 위해 활동하고 있는 소수의 사람들이 있다는 것은 매우 의미 있는 일이다.

5. F. Chesnais, *La mondialisation du capital*, 2nd edition, Paris: Syros, 1998
   Groupe de Lisbonne, *Le désarmement financier*, Brussels: Éditions Labor, 1999

6. *The Limits to Growth*, New York: New American Library, 1972. 로마 클럽의 최초 보고서인 이 책은 출간 당시 큰 반향을 불러 일으켰으며 아직도 높은 관심 속에 널리 읽히고 있다.

7. the report of the Brundtland Commission: *Our Common Future*,
    London: Fontana Books, 1988

8. *International Herald Tribune*, 8 January 1998

9. UNDP, *Human Development Report: Eradicating Poverty*,
    Washington 1997

10. *International Herald Tribune*, June 1998

11. *Human Development Report, op. cit.*

12. 1998년 6월 3~6일, 파리에서 개최된 UNESCO 회의에 제출뇌었던 'World
    Water Resources at the Dawn of the Twenty-first Century' 참조

13. *Le Monde*, 17 January 1998, p.11

14. 'Waterwars Ebb Away in West,' *Financial Times*, 8 January 1998

15. 미국 남서부의 미국인은 관개 용수를 포함하여 하루에 평균 3,100리터의 물을
    쓰는데, 이는 평균 미국인들의 사용량인 700리터와 비교하면 엄청난 양이다. 벨
    기에의 1인당 하루 평균 사용량은 260리터이고 이탈리아는 350리터이다.

16. *Towards Sustainable Management of Water Resources*, World Bank,
    Washington, 1995, edited by the vice-president I. Serageldin

17. Stephan Schmidheiny, *Changing Course*, Cambridge, Mass.:
    MIT Press, 1991

18. 이 문제에 대한 세계은행의 보고서는 특히 참조할 만하다.
    World Development Report, 1997. *The State in a Changing World*,
    Washington: World Bank, 1997

19. Jean-Pierre Goubert, *La conquête de l'eau, L'avènement de la santé à*

l' âge industriel, Paris: Laffont, 1986

20. *Dying Wisdom: Rise, Fall and Potential of India's Traditional Water-Harvesting Systems*, ed. by Anil Agarwal and Sunita Narain, New Delhi, 1997

21. 2장에서 이에 대해 더 심도 있게 다룰 것이다.

   지정학적 혹은 군사적 이유로 인한 물의 통제에 관한 분석은 다음 저술을 참조하라.

   Jacques Sironneau, *L'eau, nouvel enjeu stratégique mondial*, Paris: Éditions Economica, 1995

22. *Dying Wisdom, op.cit.*

23. 이의 대표적인 예가 바로 EU의 일반농업정책(Common Agricultural Policy)이다. 아시아와 아프리카에서 '녹색 혁명'이 열렬하게 받아들여진 것도 같은 맥락에서 이해할 수 있다.

24. 1970년대 초에 이미 집약적 기업농의 반대자들은 논쟁의 여지가 없는 경험적인 반증 자료를 수집하였다. 이에 대한 자료는 다음을 참조하라.

   L'utilisation des ressources agricoles et forestières en Europe: mise en question des modèles de développement prédominants, Brussels: Commission des Communautés Européennes, October 1988

25. the reports of the FAO World Food Summit held in Rome in November 1996

   UNDP, *Human Development Report*, 1997, pp.39, 65-72, 125, 198-9

26. 생태계 돌연변이와 관련하여 가장 심각한 구조적 현상의 하나가 토양의 악화이다. 마른 경작지의 토양 악화 정도는 매우 높은데, 아프리카는 73%, 아시아는 70%, 호주는 54%, 유럽은 65%, 북미는 74%, 남미는 72%의 땅이 이에 해당된다.

   Monique Maiguet, *L'homme et la sécheresse*, Paris: Masson, 1995

   United Nations Environment Programme, *World Atlas of Desertification*, 1992

27. Foundation for Human Progress: 'Agriculture paysanne: une alternative à l'agriculture industrielle,' *Passerelle* No. 4, 1993

28. United Nations, 'World Urbanization Prospects: the 1994 Revision,' Database Population Division, New York, 1996
     François Valiron, 'Le cas des mégapoles,' report to the symposium *L'eau et la vie des hommes au XXIème siècle*, UNESCO, Paris, 26-27 March 1996, organized by MURS and the Water Academy

29. World Health Organization, *World Health Report 1996*, Geneva
     한 예를 들면, 해마다 5억 명 이상의 사람들이 오염된 물로 인한 설사로 고통받고 있으며 이는 또한 2살 미만의 어린이들이 사망하는 주요 원인이 되고 있다.

30. 제이말 안와르(Jamal Anwar)에 의하면, 서벵갈에 사는 3천 8백만 명의 인구와 방글라데시 인구 중 5천만 명(방글라데시 전체 인구의 30%)이 비산에 오염된 물을 마시고 있는데, 이는 체르노빌이나 보팔 사태보다 더 심각한 결과를 초래할 수 있다고 한다.

31. 'Bataille planétaire pour l'or bleu,' *Le Monde Diplomatique*, November 1997

32. 그저 구호로만 그치지 않기 위해서 우리가 한 일이라고는 고작 잘 사는 나라들의 물 문제를 건드린 것 뿐이었다. 이 나라들의 물 공급과 수질 문제(특히 하수처리 시설과 관련하여)가 제3세계만큼 심각한 지경에 이른 것은 아닐지라도, 수도관과 기타 인프라의 노후 혹은 정수 시설의 부족으로 인하여 점점 심각해지고 있는 것은 사실이다.

33. World Bank, *Water Resources Management*, Washington, 1993
     P. Rogers, *Comprehensive Water Resources Management: a Concept Paper*, document 897, Washington: World Bank, 1992
     Elaine Geyer-Allély, *Water Consumption and Sustainable Water Resources*, Paris: OECD, 1998

34. World Water Council, *Newsletter* No. 2, December 1997

35. Guy Le Moigne and Pierre-Frédéric Ténière, 'Les grands enjeux liés à la maîtrise de l'eau,' *De l'eau pour demain,* special issue of *Revue française de géoéconomie,* No. 4, Winter 1997-8, pp.37-46

36. I. Serageldin, 'The Water Bomb,' interview in *The Guardian,* April 1995

37. Malin Falkenmark, 'Fresh Water: Time for a Modified Approach,' *Ambio,* Stockholm: Vol. 15, No. 4, 1986, p.92
   'Regional Water Scarcity: a Widely Neglected Challenge,' *People and the Planet,* No. 2, 1993, pp.10-11

38. 스톡홀름 환경청이 조사한 자료를 토대로 1997년 3월 마라케시에서 열린 World Water Forum과 1997년 9월에 열린 International Water Resources Association 9차 총회에 제출된 수치들. 1998년 4월 지속 가능한 개발협의회(Commission on Sustainable Development)가 *General Assessment of World Water Resources*라는 간행물로 발간하였음.

39. *Ibid.*

40. Hervé Maneglier, *Histoire de l'eau,* Paris, 1992
   Jacques Perennes, *L'eau et les hommes: essai géographique sur l'utilisa tion des eaux continentales,* Paris: Bordes, 1997
   La guerre et l'eau, symposium of the International Committee of the Red Cross, Montreux, 21-23 November 1994
   Les citadins et l'eau, Contrastes et similitudes à travers le monde, survey conducted by l'Académie de l'eau on six of the world's largest metropolises, financed and published by l'Agence de l'eau Seine-Normandie, 1997
   Paolo Sorcinelli, *Storia sociale dell' acqua,* Milan: Mondadori, 1998

41. CONAIE, *Propuesta de ley de aguas,* Quito, 1996

42. 1997년 2월 6일, Swissaid 발간 간행물에 에콰도르 사례가 자세히 실려 있다.

(Swissaid, rue de Bourg 49, 1002 Lausanne, Switzerland)

43. Roger Cans, *La Bataille de l'eau*, Paris: Éditions Le Monde, 1997

Symposium *La Guerre et l'eau*, Comité International de la
Croix-Rouge, Montreux, 21-23 November 1994

Jacques Sironneau, *L'eau: nouvel enjeu stratégique mondial*, Paris:
Éditions Economica, 1995

United Nations, *Transborder Waters*, New York, 1997

Paul Samson and Bertrand Charrier, *International Freshwater
Conflict: Issues and Prevention Strategies*, Conches(Switzerland):
Green Cross International, 1997

Thomas F. Homer-Dixon, 'Environmental Scarcity and Violent
Conflict: Evidence from Cases,' *International Security*,
Vol. 1, 1994, pp.5-40

Peter H. Fleick, ed., *Water in Crisis: a Guide to the World's
Freshwater Resources*, New York: Oxford University Press, 1993

Sandra Postel, 'Water Scarcity Spreading,' in L.R. Brown *et al.*,
eds, *Vital Signs 1993*, New York: W.W. Norton, 1993

Joyce R. Starr, 'Water Wars,' *Foreign Policy*, No. 82, 1991, pp.17-36

John K. Cooley, 'The War over Water,' *Foreign Policy*, No. 54,
1984, pp. 3-26

Kent Hughes Butts, 'The Strategic Importance of Water,'
Parameters, Spring 1997, pp.65-83

WMO/UNESCO, 'The World's Water: Is There Enough?', 1996

A Biswas, ed., *International Water Conflicts*, New York:
Oxford University Press, 1994

44. 이 문제는 세계 여러 언론에 의해 다루어진 바 있다.

G. Pascal Zachary, 'As Demand Grows, Water Becomes a Global

Concern,' *Asian Wall Street Journal*, 6 December 1997

Roger Cans, 'Devenue rare, l'eau risque d'être l'enjeu de conflits entre nations,' *Le Monde*, 16 August 1995

45. Paul Samson and Bertrand Charrier, *International Freshwater Conflict*, *op. cit.*

46. David M. Wishart, 'The Breakdown of the Johnston Negotiations over the Jordan Waters,' *Middle Eastern Studies*, No. 26, pp.536-48

    Environment and Conflicts Project (ENCOP), *Water Disputes in the Jordan Basin Region and Their Role in the Resolution of the Arab-Israeli Conflict*, Occasional Papers No. 13, 1995, Swiss Peace Foundation and Swiss Federal Institute of Technology

    Aaron Wolf, 'Middle East Water Conflicts and Directions for Conflict Resolutions,' report to the international conference *A 20/20 Vision for Food, Agriculture and the Environment*, organized by the International Food Policy Research Institute, 13-14 June 1995

    J. A. Allan, ed., *Water, Peace and the Middle East*, New York: W.W. Norton, 1996

    Miriam R. Lowi, *Water and Power: the Politics of a Scarce Resource in the Jordan River Basin*, Cambridge: Cambridge University Press, 1995

47. Sironneau, *op.cit.*, p.40 (in the Italian version published by Arterios Editore, Trieste, 1997)

48. *Le Monde*, 28 March 1997

49. Uday Shankar, 'Disappearing Act,' *Down to Earth*, New Delhi, 15 July 1993, pp.25-30

50. Aniu Sharma, 'When A River Weeps,' *Down to Earth*, 15 April 1996, pp.27-31

51. Uday Shankar, 'Choking Slowly to Death,' *Down to Earth*, 31 January 1993, pp.25-36

52. 이 정보를 제공해준 Down to Earth의 발행인이기도 한 과학 환경 연구소의 부소장인 Sunita Narain씨에게 감사드린다.

53. François Ramade, *Dictionnaire encyclopédique des sciences de l'eau*, Paris: Ediscience internationale, 1998, pp.486-8

54. 최근 미국에 도입된(칠레로부터) 새로운 물 문화는 '물 권리'에 대한 새로운 법적 가능성을 내비치고 있다. 예를 들어, 보다 효율적인 관개 시스템을 개발한 농부가 그로 인해 물을 아껴 썼다면, 그는 자신이 아낀 물을 도시에 팔 수 있게 되었다. 이것은 모든 것 – 심지어 '오염시킬 권리'마저도 – 을 사고팔 수 있다는 인식이 팽배한 미국 같은 나라에서는 별로 놀라운 일이 아니다. 칠레에서는 이 일이 광산 회사들의 특별한 투기 행위를 불러일으키고 있는데, 물 사업이 민영화되면서 물에 대한 거의 모든 권리를 무한대로 부여받은 이들은 현재 칠레의 물 시장을 좌지우지하고 있으며 물값을 올리기 위해 '물 부족현상'까지 조직해내고 있다. Larry D. Simpson, 'Les marchés des droits de l'eau aux États-Unis,' in *De l'eau pour demain, op. cit.*, pp.149-59

55. Gérard de Selys, *Privé du public*, Brussels: Éditions Epo, 1996

56. Group of Lisbon, *Limits to Competition, op. cit.*, Riccardo Petrella, *Le bien commun. Éloge de la solidarité, op. cit.*

57. Riccardo Petrella, 'La ridistribuzione della ricchezza nel mondo. Il lungo cammíno del xxe sècolo contro l'inuguaglianza,' in *Enciclopedía del,' 900*, Turin: UTET, 1999, and as an essay published by Città di Castello: *L'Altra Pàgina*, 1999

58. *International Herald Tribune*, 10 December 1997

59. 이는 세계 경제 체제 안에서 국가가 의사 결정 권한을 다자간 기구에 넘기는 현상의 하나로 볼 수 있다. 혹은 국가가 뒤로 물러서는 듯 보이지만, 실상은 강대국들이 기존의 역학 관계를 이용하여 다자간 기구의 힘을 키움으로써 이득을 보고 있

는 것으로 해석할 수도 있다.

60. Gabriel Roth, *The Private Provision of Public Services in Developing Countries*, New York: Oxford University Press (for the World Bank), 1987

61. 저자는 물의 집수(集水)와 정화 및 공급에 대한 자연적인 독점, 비용 저하, 청구의 어려움, 요금을 내지 못하는 사람들에 대한 공급 중단이 어려운 점 등을 들고 있다.

62. Banque mondiale, *Le secteur de l'eau au Maroc*, Report No. 12649-MOR, Washington, 1995, p.25, quoted from Claudio Jampaglia, 'L'acqua e la città. Politiche e logiche di sviluppo in Marocco a partire dai progetti della Banca mondiale,' thesis, Università degli studi di Milano, 1996-7, p.272

63. *Financial Times*, 2 October 1997

64. 이 책을 준비하기 위해 1998년 5월, 발렌시아에서 열린 모임에 참석한 여러분들, 특히 다음 분들께 감사 드린다. Jozef Celis, Raymond Pestiau, Jo van Cauwenberge (벨기에), Alain Fontaine (프랑스), David Brubaker (USA), Claudio Jampaglia, Marinella Correggia (이탈리아), Thomas Kluge (독일), François Patenaude, Gabriel Regallet (캐나다)

65. *Merryl Lynch Capital Markets*, 1 October 1997

66. 1997년 마드리드에서 열린 World Congress of the International Water Resources Association (IWRA)에 G.P.Westerhoff and Malcolm Pirmie, Inc.가 제출한 *Public/Private Partnerships of Water Supply throughout the World* 의 최근 보고서(16개국 조사) 참조. IWRA는 각 나라와 수도의 1인당 물 소비량, 공급망, 물값 등에 관한 비교 통계자료를 담고 있는 10쪽 짜리 브로셔를 발간하였다.

67. Jean-Jacques Donzier, 'La privatisation de la gestion de l'eau en France et en Angleterre: sous un même vocable, deux réalités bien

différentes,' in 'De l'eau pour demain,' *Revue française de géoéconomie, op. cit.,* pp.137-47

68. Assemblée Nationale, *Le prix de l'eau: de l'exploitation à la maitrise,* report drafted by Ambroise Guelle, deputy, Paris, 1994

69. 이와 별도로 전기 서비스 업체들은 21억 파운드를 내야 할 것이다. *Le Devoir,* Montreal, 3 July 1997

70. 프랑스와 영국의 물 사업 민영화에 대한 더욱 자세한 내용은 다음 자료를 참조하라.
    Leo Paul Lauzor, François Patenaude and Martin Poirier, *La Privatisation de l'eau au Québec,* Part One, *Le cas des expériences en France et au Royaume-Uni,* Chaire d'études socio-économiques de l'UQAM, Montreal, April 1997

71. 서구화된 사고에서 볼 때 기술 문화나 기술 유토피아의 전형으로 생각해 볼 수 있는 또다른 사례가 선진국의 대도시들이다. 우리는 이미 이런 대도시들의 물, 보건, 위생 수요의 증가를 얘기해 왔으며 기술 제왕의 문제점들과 관련한 도시와 국가 간 문제는 시간이 부족하여 연구가 더 깊이 진행되지 못하고 있다.

72. 국제 대형 댐 협회 (the International Commission on Large Dams)는 '대형 댐'의 기준을 강바닥에서 15미터 이상 올라온 것으로 정하고 있다.

73. 세계은행의 개혁을 위한 캠페인의 일환으로 제출된 *Large Dams, People and Environment Rights* 보고서 참조. 이와 관련하여 Francesco Martone, Liliana Cori, Antonio Tricarico에게 감사 드린다.

74. 불어권에서 이와 관련된 전문가는 Patrick Lagadec으로 *Le risque technologique majeur* (Paris: Éd. Seuil, 1982)라는 저서를 썼다.

75. 아룬다티 로이(Arundhati Roy)는 최근 저서인 *The Cost of Living*에서 그 수치가 실제보다 크게 낮은 것이라며 인도에서만 지난 50년 간 3천 개의 대형 댐이 건설되면서 약 3천 3백만 명의 사람들이 살던 곳에서 떠났다고 밝혔다.

76. 바닷물의 담수화를 지지하는 자료로는 다음을 참조하라.

Jacqueline Ribeiro, *Desalination Technology. Survey and Prospects*, Institute for Prospective Technological Studies, EUR 16434, Seville, 1996

77. 독일 환경부의 후원으로 1998년 본의 Forum Umwelt Entwicklung이 출간

78. 그 장의 제목은 다음과 같다. 'Protection of the quality and supply of freshwater resources. Application of an integrated approach to the development, management and use of water resources.'

79. 현재 비교적 소규모 단체들이 수많은 운동을 전개하고 있다. 이중 매우 의미 있는 모임인 전세계 종교 지도자들의 모임이 Pax Christi의 주도로 알사스 지방에서 개최되었다.

L'eau - Conclusions du 2e Symposium de Klingenthal, Strasbourg: Pax Christi, 30 November 1997

역자 **최기철**

1957년 서울생. 한국외국어대학교 통역대학원 졸업.
고려대학교 경영대학원에서 마케팅 수학.
서울특별시 의전통역관, 문화방송 동시통역사, 안양대학교 겸임교수 등을 역임.
현재는 통역사, 번역사로 활동중이며 역서로는 『21세기 쇼크』,
『럭셔리 신드롬』, 『롱거버거』, 『부자의 지갑을 열어라』등이 있다.

물은 상품이 아니다
생명을 지키기 위한 물 선언

초판 1쇄 인쇄   2004년 4월 24일
초판 1쇄 발행   2004년 4월 27일

지 은 이 리카르도 페트렐라
옮 긴 이 최기철
펴 낸 이 성의현

펴 낸 곳 미래의창
등   록 제 10-1962 (2000년 5월 3일)
주   소 서울시 마포구 합정동 411-2 평화빌딩 3층
전   화 325-7556 (편집), 338-5175 (영업)
팩   스 338-5140
홈페이지 http://www. miraebook.co.kr
이 메 일 miraebook@yahoo.com
           miraebook@miraebook.co.kr

ISBN 89-89353-43-2 03300

책값은 뒤 표지에 있습니다.
잘못된 책은 바꿔 드립니다.